BRENDA
BOYD

布蘭達・柏依德——著

黃美娟——譯

200個
亞斯伯格症教養祕訣

推薦序

從別人成功的經驗中學習

吳佑佑　長庚醫院兒童心智科主治醫師

一九四四年，漢斯・亞斯伯格醫師（Hans Asperger）在他以德文發表的文章中指出，四位正常智能的孩子，在人際互動上有困難，他們對某些事情有超過同年齡孩子的強烈的興趣。在一九九四年——五十年後，「亞斯伯格症」被正式放入美國精神醫學診斷標準中，其中指出患者：

第一，在社會互動有障礙，表現在較不會用非語言的行為，如眼神、表情、姿勢等，來協助互動及溝通，無法發展出與同年齡孩子相同的同儕關係，缺乏與人有互動性地分享快樂、興趣和成就等的能力，在社交上有困難，不易與人建立互動關係。

第二，發展出較侷限、重複式的行為及興趣，經常專注於一種狹隘的興趣，如某一段的歷史、比賽統計分數、昆蟲、地圖、公路學，而其障礙已造成生活上的困難，故亞斯伯格症的孩子被看成是較輕症的自閉症患者。

亞斯伯格症的孩子，在語言及認知發展上沒有明顯的困難。不過，在語言能力的評估，不能只放在他們對文字的理解；亞症的孩子在語言上常有困難，無法了解「弦外之音」，對文字多限於字面上的理解。若在溝通上常須加上表情、語調等去了解語言真正的意思時，會帶給亞症的孩子很大的困擾。「你做做看，做了你就知道了」，這句話配上不同的口氣，可能是鼓勵一個人去嘗試新的事物，也可能是相反的意思，對於亞症的孩子是相當大的困擾。

在臨床上，面對這些孩子最常碰到的困難，就是他們有著正常的智能卻伴著不足年齡的情緒表現（表現於處理自己的情緒、了解他人的情緒）——像廣告中沒吃到炸雞就坐在地上大哭的青年，這種不協調帶給孩子與家人相當大的困擾。

幾年前，在看過《星星小王子》——這本由肯尼斯這位亞斯伯格症孩子所寫的自傳之後，我一直期盼，想要知道肯尼斯的母親的教養方式，她如何幫助這位固執、聰明但有明顯適應及人際關係及情緒處理上有困難的孩子。

學理、知識很重要，可以幫助我們了解亞斯伯格症，但知道後不代表就能夠明白如何跟他相處，因為他很多想法上就是比較特殊。由別人成功的經驗中學習，幫助我們事半功倍。

在這本書中，作者以一位母親的經驗，與我們分享她管教亞症孩子的一些小祕訣。從第一章中「照顧照顧者」開始，到認識與了解亞斯伯格症，重新幫助孩子建立自尊、降低焦慮、利用孩子的優勢能力以及「視覺、結構」的方式……，提出了建議；在後二章中，更就亞症孩子的特質，做了更詳細的解釋，幫助我們了解亞症的孩子，並提出了一些解決方案。

在臨床上，常面對亞症的父母焦慮著苦無對策。家有這些超級固執、不善解人意、難變通的孩子，父母常被他人誤解——「被寵壞的、行為不好又不快樂的孩子」。其實，固執與堅持是成功的必要條件，如果我們能夠了解如何用技巧善加利用亞斯伯格症孩子的優勢，就能製造雙贏的局面。

感謝作者願意分享她教養亞斯伯格症孩子的經驗，健行文化出版這本書，讓我有更多的資源與孩子、家長一起討論，幫助他們能夠知己知彼，面對生活、教養上的挑戰。

推薦序

有愛，就能找到無窮的祕訣

小恆媽媽　一個亞斯伯格孩子的母親

有一次，順路搭友人的車回家，途中，她問起我的孩子小恆的近況。「小恆好嗎？」我說：「很好哇！愛玩愛笑愛說話，活蹦亂跳的。」語畢，我陷入沉思中。

每當有人問起孩子的狀況，我總是很難說清楚，在簡單敘述後，心裡總還有很多想說卻不知該如何說的話，但是，這些話誰能完全理解？而言語，如何能百分百描摹我兒的狀況？朋友們看到小恆聰明健康的模樣，聽到他高分貝的聲音和滔滔不絕的話語，總是說：「不用擔心啦！他很好哇！放心啦！」也許因為我是母親，母心似天空般寬廣，可以包容孩子在成長過程中所犯的一切錯誤；母心卻也似針插，要承載養育過程中的諸多艱難，所以，我很難「放心」。

亞斯伯格孩子的外表與一般孩子並無二致，但在平常的外貌下，內心卻有一座隱藏的火山。他們的情緒容易激動，容易狂躁不安，容易緊張，想法極端，會胡思亂想、誇大事情的嚴重性，引發許多不必要的擔心。他們思考僵化，固執難以變通，面對未知會過度焦慮……。他們的聰明極不平均，可能某方面是天才，某方面卻像白癡；他們雖能言善道卻很難溝通；他們看似活潑好動，可是動作怪異，手腳笨拙；他們對嗜好過度沉迷，學習其他事物卻又時常分心。可是，另一方面，他們真誠無偽、正直不欺，充滿正義感……。面對世界，他們有時如一隻刺蝟，有時卻如一朵好看而不沾染塵俗的青蓮，自顧自地盛放著。

亞斯伯格症孩子究竟是怎樣的孩子？幾次試圖解釋，卻覺得怎麼說都說不清楚。他們身上有許多矛盾的組合，從某個角度看似完美的他們，從另一個角度看卻有許多瘡孔，這些瘡孔盛裝他們的獨特性，卻也正是和這世界格格不入之處。

這幾年，欣見幾本專門介紹「亞斯伯格症」的書籍，這些書彷彿溫暖的陽光，把佈滿濃雲的天空給照亮了。在我費盡心思欲使人了解孩子的狀況，卻怎麼也說不清楚時，我可以請他們閱讀書籍來認識亞斯伯格症。

我有一個朋友，她老是覺得自己的孩子「怪怪的」，閒聊中，我推薦她看《亞斯伯格症》一書，之後，她才發現孩子原來是亞斯伯格症，孩子的怪異行為因此有了答案，大大減緩了親子之間的緊張關係。

同事的哥哥有一個亞斯伯格孩子，因固執難以溝通，情緒不穩定，又屢講不聽，媽媽不勝其煩，變得暴躁易怒，動輒大聲斥責、打罵孩子，最近被控家暴，孩子經社會局安置他處。

如果，這位媽媽願意靜下心來閱讀相關書籍，多了解孩子，多善待自己，並找到方法，擔子會輕省許多，對孩子的問題也會因了解而多一點包容。誠如本書作者布蘭達所言：「正面回應亞斯伯格的挑戰，找出孩子存在方式的『寶藏』，……想像他的困難和受苦——一天到晚過著被人誤解和為世界所困惑的生活，一定會非常令人沮喪。……孩子的粗魯行徑其實只是誠實的行為。」

因為「心靈盲點」（見第二章）的問題，亞斯伯格孩子像是帶著密碼的族類，他們被困在這密碼中，無法向世界解釋自己。而此書帶領我們慢慢解開孩子的心靈密碼，讓這些孩子可以被這世界懂得，行為可以被理解。張愛玲說得好：「因為懂得，所以慈悲。」在千萬人中，只要有人懂得亞斯伯格孩子，並釋放善意，表示同理，這樣的「懂」，會成為他們生命中最珍貴的禮物；這樣的「懂」，能消除他們的焦慮和緊張，為他們注入無限的能量。

一拿到這本書，光是書名，就令我暗暗佩服，心想：「兩百個祕訣哪！這應該是多人合力完成的大作吧！」開始閱讀後，方知此書作者是一位母親。繼續讀下去，我的心情從佩服漸至感動，兩百個祕訣的誕生，需要地久天長的陪伴與無止無盡的思索，我終於知道，這兩百個祕訣的源頭不過就是一個字——「愛」，愛能激發無限的想像力，有愛就能找到無窮無盡的方法。因此，經布蘭達女士的啟發，也許我也能找到教養小恆的兩百個祕訣呢！

書中呈現的問題面面俱到，談孩子的情緒、語言、社交、作息、感覺、飲食……，用說的，用做的，用玩的，用各種方式來教孩子。不好玩的事情，就讓它變成好玩的遊戲吧！你聽過「男孩三明治」、「一毛錢座位」嗎？這些遊戲不僅增加親子互動，更讓孩子快樂地經驗觸壓的感覺。最令我振奮的是，書中不管談什麼，都指向「希望」，誠如作者所言：「擁有照顧特殊兒童的機會，是一份同樣美好的禮物和特權。」「在你自己小孩的這件事情上，你是專家，因為在某種程度上你了解他，而且無人能及。」這位有智慧的媽媽布蘭達帶著我們往對的方向走，讓我們從她的經驗看到：這樣走下去，就有希望！

書末還附有「祕訣清單」，條列呈現處理問題的方法，清楚而明確，似乎在告訴我們：「看！教導亞斯伯格孩子就是要這樣清楚明白。」

作者在最後模擬亞斯伯格星球的生活，最是令我印象深刻——「星球上的所有住民長大成人之後，並沒有失去一些童年最美好的特質——驚奇的感覺、不受約束的誠實，以及用一種不妥協的清明來看待道德議題的能力。」那是人類的桃花源吧！試想：一個沒有戰爭，沒有隱瞞，沒有假裝，完全真誠開放的世界，那不是陶淵明筆下的桃花源、柏拉圖思想中的烏托邦嗎？也許，亞斯伯格孩子是從桃花源來的，為了提醒我們這些自以為正常的人思考生命中一些重要的事吧！諸如人類該有的一些美好的，卻失落了的特質。

很喜歡女詩人席慕容〈雕刀〉一詩：「反復與堅持之後，柔水終成雕刀。」這是本用滿溢的母愛寫成的書，布蘭達女士用千百次溫柔的堅持與智慧的教導，雕鑿出一個美好的孩子。然而，如此的雕鑿並非造出一個新的孩子，而是如同米開朗基羅雕刻大衛像般——「大衛本來就在裡面，我只是把他叫出來而已。」亞斯伯格孩子身上有諸多美好特質，也擁有他們獨特的優勢，如果，我們能懂得他們，能找到方法教導他們，讓他們展現優勢的一面，也許，有朝一日，他們的價值更勝於舉世聞名的大衛像！

CONTENTS
目次

CONTENTS

目次

謝辭

我想要感謝每一個在我寫這本書時幫助過我的人，特別是：

- 我的先生克里斯，因為他是我的靠山，因為他所有的偉大想法，因為他幫我看得更加清楚的那些時候，以及因為他在任何情況下始終如一的耐心。
- 我的女兒克麗斯汀，因為她相信我，而且從一開始就支持我。
- 我的朋友卡蘿，因為她的建議，還有因為她讓我相信我有一份重要的工作要做。
- 我的姊姊莫拉，因為她鼓勵我把這本書做得比原來的更加實用。
- 「娜娜」瑪格莉特，因為她痛苦地檢查最後的稿子。
- 以及最後但並非最不重要的，我的兒子肯尼斯，因為他用他正面而勇敢的態度鼓舞了我——以及因為他給了我寫書的題材！

如何快速使用這本書？

有三種方式，可以幫助你針對某個特定問題，快速找到相關的觀念：

1. 把目錄從頭到尾看一遍。
2. 翻到常見問題（第三章，第一〇五至二四〇頁）下面的條目。這章的重點在一些一般性的亞斯伯格症問題，含括生活、學習與社交。
3. 把本書後面（第二九八至三〇六頁）的祕訣清單整個看一遍。這是涵蓋整本書的所有點子、祕訣和策略的快速清單。它們有編號，也就是說，當你找到所要尋找的祕訣，就可以輕易地在書中正文找出它的位置。

導言

為人父母是世界上最重要的工作之一，然而我們是怎樣學會這件事的呢？以其他重要的工作來說，我們需要正式的訓練和資格；但一般來說，我們就只是被期待「知道」如何當個好父母。我們的所學大部分通常是從觀察其他人而來的——特別是我們的父母是如何扶養我們的。通常這樣的結果還不錯，不過如果你有一個亞斯伯格小孩的話，偶爾會發生不知何去何從的情況。典型的亞斯伯格小孩會帶給我們所有常見的教養挑戰——外加非常多其他不包括在內的挑戰。亞斯伯格症的父母很容易相互了解，因為他們的經驗經常是非常相似的，不過，要真正理解別人是不可能的，所以這就意味著，最後你會覺得自己非常孤單。

我有兩個小孩，一個女兒和一個兒子。我女兒現在是個大人了，而且謝天謝地，她已長成為一個可愛而又各方面均衡發展的人，同時也是我的好朋友。在她還小的時候，她脾氣隨和、順從，所以我覺得她很容易帶。不過我兒子肯尼斯從一開始的情況就很不一樣。

肯尼斯小的時候，對他我好像沒有別的，就只有問題和擔心，而且好多年都沒有人了解為什麼。在某種程度上，這些問題並不是那麼不常見，有時候我會不斷告訴自己，許多其他小孩也有一樣的問題。但是在我心中，我知道有些事情不一樣。肯尼斯的問題是更加極端的；而且他似乎並沒有因為長大而丟掉這些問題。從別人的眼光來看，他只是個看起來被寵壞、行為不好又不快樂的孩子，而我討厭這樣。有時候我會怪自己，有時候我會怪他。在他八歲的時候，他終於被診斷出有亞斯伯格症（或者也被稱為「高功能自閉症」），我的心情相當複雜。部分的我很悲傷，對未來感到焦慮；另一方面，我覺得鬆了口氣，因為我們現在找到了原因。整體來說，我發現這個診斷有很大的幫助。不過我還是感到非常的孤單，而且被眼前的艱鉅工作給嚇住了。我認識的人裡面似乎沒有人可以理解。而且，更糟的是，似乎沒有人可以給我迫切需要的教養建議。

對為人父母的人來說，診斷經常標示出一段艱難而困惑旅程的結束。當我們開始對亞斯伯格症有所了解，很多情況就可以得到解釋。不過，當然，診斷並無法解決問題。我們還是有相當吃力的工作要做，而且甚至連很好的「一般」教養策略，都不是時時能派上用場。有時候，好像即使你綜合了聖人的耐心和所羅門王的智慧，可能都還不夠！

處理亞斯伯格孩子的需求和挑戰，是相當大的責任和非常艱難的工作。沒有神奇的解答會改變這件事。這本書是想要作為一種教養點子的工具箱，而不是要提供特效藥。希望你能夠翻翻這本書，並在需要的時候，找到有助於你滿足需要和處理特殊行為問題的點子。我希望你能發現至少有一些建議，可以用來協助你和你的家人生活得更輕鬆一點。

這本書的架構

在本書的內文中，從頭到尾都有教養的點子、祕訣和策略，每一個出現時都依序編號。它們都會出現在「小祕訣」單元中，所以很容易找到。本書的編排如下：

第一章　奠定基礎（第二七～六五頁）

本章對幫助患有亞斯伯格孩子感到被愛、受到接納的方式提出建議，同時探討為什麼這很難做到的一些原因。同時涵蓋了了解、建立自尊和降低焦慮等議題。

第二章　讓孩子表現出最佳狀況（第六七～一〇四頁）

本章探討的是處理亞斯伯格孩子的最佳方法，並建議一些幫助他學習社交和情緒技巧的方式。本章也包括了促進服從和動機的方法，以及處理困難時刻的點子。

第三章　常見問題A到Z（第一〇五～二四〇頁）

這章的重點，放在逐一地討論亞斯伯格症的一些常見問題，探討它們的細節，並提供處理方式的建議。

第四章　我的經驗談（第二四一～二四六頁）

在這裡，我提出了自己養育亞斯伯格孩子經驗的一些想法。包括了我所學到的，以及「來自亞斯伯格星球的報告」。

祕訣清單（第二九八～三〇六頁）

這是整本書中所有點子、祕訣和策略的快速清單。它們全都有編號，也就是說，只要你在祕訣清單中找到所要尋找的祕訣，就可以很容易地在書中正文找出它的位置。

關於兄弟姊妹的一點說明

對於家中的其他孩子來說，當他們有一個需要很多時間和注意的亞斯伯格兄弟或是姊妹時，他們很容易感到自己被忽視。結果他們會感到憤恨不平，而且對他們來說，他們好像是因為行為表現得比較好和比較不會要求而受到懲罰。讓家裡所有的孩子都盡可能地納入你對你的亞斯伯格孩子採用的方法之中，是有意義的。它們對任何一個孩子來說，都可能會是有吸引力和有用的，而且其中有一些非常有趣！

寫給父母以外的照顧者

父母通常是主要照顧孩子的人，不過，其他人也扮演很重要的角色，例如：祖父母、阿姨姑媽、伯父叔叔或舅舅、親戚、老師、照顧者和朋友。這些人在幫忙愛護和照顧孩子上，經常都做了很大的貢獻。因此，即使他們不是真正的父母，這本書也是要寫給他們的。

關於性別的說明

不知道是什麼原因，有更多的男性比女性被診斷出有亞斯伯格症。這也是我在整本書中用「他」來指稱孩子的原因之一。另一個原因是這樣比較簡單些。不過，當然這本書提到的每一樣事情也都適用於亞斯伯格女孩，就跟適用於男孩一樣。

我如何指稱孩子

在本書中，我經常用「亞斯伯格孩子／兒童」，而不是「罹患亞斯伯格症的孩子／兒童」來指稱孩子。這樣做的原因是，我兒子比較喜歡這個說法，不過，不管怎樣，希望這樣不會引起不快。

第一章

奠定基礎

照顧你自己

接納與了解

建立自尊

降低焦慮

照顧你自己

每個小孩都會有的最大需求，就是無條件的愛，為人父母者直覺地就會知道這一點。我們知道無條件的愛是世界上最強大的力量。當孩子覺得安全、被愛以及被接納他就是這樣的人時，會讓他在生活中的每個領域都能健康地成長。當然，我們為人父母的責任並非只是愛我們的孩子，同時也要確定他們深深了解他們是被愛的。這就是我們嘗試要建立的為人父母的基礎。

對於亞斯伯格小孩，要建立這個重要基礎很困難。理由很多，例如：他容易有不太實際的自我形象、容易焦慮、有很大的社交問題、很難刺激他去做什麼事，還有，他的行為可能很難處理。這些情況都讓他很難與世界建立關係。不過這也表示，非常重要的是，他需要從父母那邊大聲又清楚地聽到這樣的訊息：「你永遠無法阻止我愛你。」而且，這點甚至更重要。

本章後面會提出一些特別的方法，以便我們能為亞斯伯格小孩建立這個基本的基礎，好讓他可以在了解自己很安全、被愛和為人接納的情況下，平安地度過一輩子。

如果你有一個亞斯伯格小孩，你很快就會發現，他需要你不斷為他做特別的付出。不

祕訣錦囊

照顧你自己

1. 讓你自己保持存貨滿滿（「冰箱小祕訣！」）
2. 獲得多方支持
3. 不要獨自承擔
4. 不要忽略生活中的其他領域
5. 處理問題時要注意可行性
6. 設定SMART（聰明的）目標
7. 制定「需要時就可用得上」而非「最重要」的策略
8. 試著不要寵壞他
9. 找個人談談
10. 讓你自己偶爾脫身
11. 「關心勝過有關係！」

過，在你做任何其他事情之前，你都需要先照顧好你自己，這樣做的理由非常充分。當孩子患有亞斯伯格症時，不僅對他的人生有很大的影響，對他周遭人的生活也一樣，特別是他的父母。如果我們忽略自己，我們就會逐漸累積壓力、怨恨和憤怒，這些會慢慢地爆發出來，損害我們的健康。如果持續這樣一段時間，我們會逐漸身心交瘁、疲憊，甚至生病。最後結果是，我們會沒有任何東西可以付出，而且會使得每個人都受苦。因此，在你開始要滿足你的亞斯伯格小孩的需求之前，首先得確定你自己的需求正在獲得滿足。

祕訣 1 讓你自己保持存貨滿滿（「冰箱小祕訣！」）

把你自己想像成裝滿食物的冰箱！當你存貨滿滿的時候，你有很多東西可以給予，不僅是給你的小孩，還有給你生命中其他重要的人，在他們需要的時候。問題是，你付出得愈多，存貨就會慢慢減少。如果你沒有再次填滿它，你可以給予的就會愈來愈少，總有一天就沒有東西剩下了。因此，隨時注意你的冰箱中的存貨。讓你自己保持在能滿足「你」所需的狀態，好讓你能給予孩子「他們」所需要的。

把經常為自己而活當作是件重要的事：找時間休息、上健身房、洗個泡泡浴、跟朋友一起出去喝杯咖啡、看錄影帶、出去散散步、聽聽你自己最愛的音樂，就只是做那些讓你感覺快樂和有意義的事情。萬一你發現自己有罪惡感，千萬不要這樣想！只要告訴你自己，你正在保持冰箱的庫存足夠，好讓你有足夠的東西可以付出給你所愛的人。

祕訣 2 獲得多方支持

努力去建立你所能找到的最佳支持網絡，是很值得的。如果有人可以讓你依靠，給予協助或是提供一些緩衝，都會很有助益。接受任何你能從家人或是朋友那邊得到的幫助，拒絕幫助或當烈士都是沒有必要的。了解當地的醫療體系、社會福利機構，或是慈善事業團體等，看看他們是否能提供任何協助。如果你負擔得起取得額外協助的費用，這對你的健康和心靈平靜會是很好的投資。有時候，學生會很樂於有機會每週照顧你的小孩幾個小時，特別是當他們正在研究某方面的兒童發展時。試著在當地大學或是報紙上登廣告（不過，當然，在僱用陌生人的時候，要注意安全問題）。

祕訣 3 不要獨自承擔

身為父母，我們會希望努力「給」孩子我們的愛。不過，覺得「被愛」的那些時刻是非常奇妙的。這是莫大喜悅和安心的來源。但這件事對亞斯伯格小孩的父母是很難得的，因為他們不常覺得自己「被愛」。

當你得不到你想要從孩子身上獲得的回饋，好比安心的微笑、擁抱、討人喜歡的字眼時，是很令人傷心的；在他看似無禮透頂或是充滿敵意的時候，更是令人難過。不要獨自承擔是很重要的，因為你的孩子並不是故意的。不論他的行為舉止如何，你的內心深處知道他愛你，而且他也需要你的愛。

祕訣 4 不要忽略生活中的其他領域

由於亞斯伯格小孩需要相當多的時間和精力，如果你任由事情發展下去，照顧他們的結果常會成為你生活的全部。於是你很容易就會忽略其他興趣或是追求的目標。試著把你的注意力放在其他關係和興趣，來維持平衡。

祕訣5 處理問題時要注意可行性

有時候，有太多困難的問題要應付，似乎讓人很難處理。要一次處理每一件事情是不可能的。那麼，你怎麼知道要從哪裡開始？

不妨坐下來，切實地評估情況。寫下問題清單，並根據你所知的問題以及問題需要處理的優先順序來加以排列；這將視情況而定，如問題的嚴重性，以及它會對孩子、對你或是對孩子周遭的人造成多少問題等。假如能跟一個朋友或是夥伴一起列這張清單，會很有幫助。

這種務實方法的一大好處是，一旦你決定要專心處理比較緊急的問題，你可以獲得喘息的機會，並在那個時候放手不管其他事情。

祕訣6 設定SMART（聰明的）目標

不要對你自己或你的小孩期望過高或是過快。在你試著要在任何領域獲得進步時，要一步一步來。藉著設定SMART的目標來讓你自己喘口氣。SMART代表：

- Small（小的）
- Measurable（可測量的）
- Achievable（可完成的）
- Realistic（實際可行的）
- Time Based（以時間為基礎的）

舉例來說，一個不SMART的目標，可能是讓你的小孩「變得更有禮貌」；而一個SMART的目標，是他應該「在一天之中，對三個人有禮貌的打招呼」。

祕訣7 制定「需要時就可用得上」而非「最重要」的策略

要記得，祕訣和策略是要用來幫你，而非適得其反。所以要有彈性。假如一個想法可行，那麼只要它有用，就去做。如果一個想法沒用，或是你感覺似乎不對勁，那麼就不要管它。相信你的判斷，你最清楚你自己的小孩。不過，也要記得時機也會造成差異：有時候一個今天無法奏效的方法，六個月後或許會有用，反之亦然。因此，不妨試試，看看什麼對你的小孩有效，同時，相信你的直覺。

祕訣8 試著不要寵壞他

過度放縱孩子，太常順著他的意思，或給他太多物質上的東西，是很大的錯誤。當我們這樣做時，會讓自己的生活更加難過，因為結果我們會有一個要求非常多和討人厭的孩子要應付。然而因為各種原因，要落入「寵壞」亞斯伯格小孩的陷阱，是相當容易的。例如：

- 當生活很辛苦，我們會對他感到歉疚，而且會想要彌補他。
- 他會要求過多，而且堅持要得到他想要的，讓步會比跟他對立容易。
- 當然我們會想要他快樂，而且在看到他失望時（甚至即使他的失望根本毫無道理），我們會有罪惡感和感到要為此負責。

縱容小孩的主要理由，通常是因為我們希望他快樂。不過我們需要牢記在心的是：「長期而言，縱容他永遠不會讓他快樂。」這只會給他一種完全不切實際的生活觀，而且也會讓他在未來產生許多痛苦和失望。有時候，說「不」是比較難的事，不過對你和對孩子而言，從長遠來看，這樣做會比較仁慈。

有個建議：在你想要給他某樣東西時，想辦法讓它成為孩子行為舉止良好的獎賞。舉例來說，如果他要求新的電玩遊戲，你可以這樣說：「我真的想要給你那個遊戲做為獎勵，我認為這是你該得的，因為你在……的時候很努力。」

祕訣 9 找個人談談

確認你沒有把自己的情緒隱藏起來，你需要至少一個你可以信任、並可以告訴他你真正感覺的人，這個人可以是家庭成員、你的伙伴、一個朋友或是諮詢師。這主要是讓你有機會可以發洩一些事情。談一談，真的會有幫助！

祕訣 10 讓你自己偶爾脫身

媽媽們尤其會有一種傾向，除非她們把自己放在最後否則會有罪惡感。我們需要讓自己擺脫這種心態，因為沒有其他人可以為我們這樣做。好好照顧自己。這並非一件自私的事。

想想飛機上的提醒：「緊急狀況時，在試圖協助他人之前，請先戴上你自己的氧氣罩。」記住：愛孩子最有效率的一個方法是：把他的母親照顧好！

祕訣11 「關心勝過有關係！」

對不了解的人而言，亞斯伯格小孩經常會讓人覺得粗魯、不善交際又傲慢。在他們的行為引起不滿的表情或是評語時，小孩通常不以為意，不過身為父母，我們會很容易地因為別人不贊同和批判的眼光而受到影響。下一次，當你因為別人正在怎樣評斷你或是孩子而感到沮喪和羞愧時，記得：那些介意的人並不重要，而那些重要的人並不介意。

接納與了解

對患有亞斯伯格症的小孩來說，要在世界上找到「接納」，會是相當困難的。他會在社交上老是「做錯事」，以及打破他甚至不知道有其存在的某個規範。而世界對打破不成文規範的人是相當嚴厲的，它會給予殘酷的懲罰，譬如揶揄、威脅和孤立。不過，即使是在家裡，這樣的孩子要找到「接納」都會是困難的。其中一個原因是他的行為需要如此多的矯正，以致於他最終會感到自己聽到的好像只有批評和評斷。另一個理由是，父母有時候會對亞斯伯格症的診斷採取負面的態度，而這會發出一個拒絕孩子的訊息。亞斯伯格小孩需要也

祕訣錦囊

接納與了解

12. 接受診斷結果
13. 找出更多關於亞斯伯格症的資料
14. 不能與不要
15. 理解他的思考僵化（火車vs.汽車）
16. 研究粗劣行為的原因
17. 「做結論前先做朋友」
18. 站在他那一邊

應該感覺到被接納以及被了解：他是一個獨一無二和有價值的人類，因為亞斯伯格症是他整體的一部分。這裡有一些有助於我們為人父母滿足這個需求的建議：

祕訣 12 接受診斷結果

如果我們誠實的話，很少有父母是張開雙臂歡迎診斷結果的。我們會說，例如：我們不想給我們的孩子「貼標籤」；而且只要可以，我們會傾向於否認和拒絕。但我們真的得小心這帶給孩子的訊息。

我甚至曾聽說，接受診斷時，父母親會經歷一段「抱怨」期。或許這是一段自然的過程，但如果是這樣，即使它漫長又艱辛，我們也得努力熬過去，以便我們最終能走到另一端。我們必須以這樣的事實來挑戰自我：我們只是因一個幻想而不滿——對於我們可能會有的孩子所抱持的幻想。一旦我們放棄這個幻想，便能自在地接受我們真正擁有的美好小孩，並為之感到喜樂。

我們的亞斯伯格小孩需要我們以他為榮，毫無條件地接納他，而這包括接納他們的亞斯伯格症。因為否認亞斯伯格症就是否認這個孩子，而接受和擁抱亞斯伯格症，就是擁抱和接納這個孩子。

祕訣13 找出更多關於亞斯伯格症的資訊

即使亞斯伯格兒童全都很獨特，找出他們有多少共同點也是相當令人眼界大開的。有時候，我們找出愈多亞斯伯格症的資料，就愈能了解我們的孩子。知識就是力量，而且，別忘了，確實有句話說：去了解就是去原諒。

大部分父母藉以對亞斯伯格症有更多了解所讀的第一本書，是東尼．艾伍德（Tony Attwood，一九九八）的著作（編按：指《亞斯伯格症實用指南》一書，健行出版）。這是相當好的第一個停靠港。我記得第一次讀這本書時，心裡想：「這個人怎麼會這麼了解我的小孩？」還有很多其他很好的書籍可用，以及可以搜尋的網站（參見書末的〈有用的網站和書目〉）。同時，你也可能可以連結到當地的某個支持團體。這些都能提供非常多的資訊，而且可以讓你感覺自己並不孤單。

在某些方面，孩子也可能會顯出對找到更多亞斯伯格症的資料有興趣。如果是這樣，不妨開放而平靜地跟他談一談。千萬不要讓他害怕這個名詞，確定他了解「症候群」

（syndrome）只是一個老式的說法，意指「喜歡」（like），而且亞斯伯格先生是一個澳洲人，他對小孩喜歡他這件事很感興趣。如果孩子願意，讓他閱讀相關的書籍，並且鼓勵其他家人對此產生興趣，並一起參與。討論亞斯伯格症的特徵，會是件有趣的事；另外，想一想家中還有哪個人也可能有亞斯伯格症。搜尋網際網路，查出有哪些名人被認為有亞斯伯格症的特徵。對每個人來說，這都會是一個學習過程。

祕訣14 不能與不要

要判斷有亞斯伯格症的孩子能做某件事，或是對他的期待是否不公平，常常都是非常困難的。當你開始對亞斯伯格症了解得愈多，至少可以幫助你開始弄清楚，什麼是他不能做的，還是他不要的。

記住：一般兒童被視為理所當然的事情，亞斯伯格小孩常常會有困難。在許多情況下，在你意想不到的地方，他們會需要額外的協助和指導。所以，不要自動地假設孩子理解一些事情而且知道別人對他有什麼期待，只因為這對其他小孩來說是顯而易見的。

祕訣15 了解他的思考僵化（火車vs.汽車）

亞斯伯格兒童另一個我們需要開始了解的主要特質是，他們的思考缺乏彈性：他們不喜歡改變，同時需要許多例行的程序。他們傾向抱持非常固定的想法，而且可能會執著和固執。思考僵化也是造成他們許多更加難以理解和令人生氣的特質的原因（參見第一八二頁，對於思考缺乏彈性有更完整的討論）。為什麼有亞斯伯格症的人會如此僵硬地堅持呢？我們知道，他們在生活似乎可以預測和確定的時候，感覺最安全。或許思考僵化給予他們迫切需要的秩序，並且幫助他們了解這個他們覺得混亂和難以預測的世界。

「火車vs.汽車」的類比有助於我們的理解，知道亞斯伯格症的思考缺乏彈性究竟是什麼樣子。這個想法是，亞斯伯格症患者的想法猶如火車在軌道上，而一般人的想法，則更像是汽車在馬路上跑。鐵軌和馬路的主要不同點在於，鐵軌是固定不變的。一輛火車一旦開始它的行程，它就必須一直停留在路線上，直到火車抵達它原先預定要前往的地方。相反的，汽車不是像這樣可以預測的。汽車駕駛有更多的可能性。他們可以輕易地改變線道、駛離道路、停車或是改變方向。這個類比有助於解釋我兒子對我來說有如謎一般的許多事情；它也幫助我了解，通常他並不是故意要缺乏彈性和固執的。對於亞斯伯格症的患童來說，保有彈性真的很困難。

祕訣16　探討拙劣行為的原因

在本書後面會有許多協助處理特定行為問題的點子，不過試著了解拙劣行為背後的原因總是相當值得的。通常要考慮有幾種可能：

1. 他在測試界線。有時候，小孩規矩不好，僅僅意味著他正在測試大人的界線。所有的小孩都會不時這樣做，亞斯伯格兒童也不例外。在這種時刻，我們採取體貼但堅決的態度，會對他最有幫助（參見祕訣55）。他需要明白有一道公平且清楚的界線，而且我們會用心去保護這道界線。或許當時他不喜歡這道界線，不過最後它會幫助他感覺更有安全感。

2. 他心情不好或受到挫折。不過，當然不一定總是測試界線這樣的情況而已。亞斯伯格兒童的拙劣行為往往是他表達不滿的方式。他也許正在「用密碼表示」他心情不好和感到挫折。如果是這樣，我們需要試著找出他對什麼不滿，以及那是「真正的不滿」還是「亞斯伯格症的不滿」。

3. 他有「真正的不滿」。如果孩子有「真正的不滿」，我們最好知道他不滿的是什麼。至少我們可以採取一些方法來處理。看看是不是有下面的可能性：

- 他是否在學校有過多的壓力或是其他問題？
- 他是否對某件事情感到非常失望？
- 他是否被人嘲笑或欺負？
- 他是否在某些方面遭人「陷害」或是受到挑釁，例如，被其他小孩？
- 是否有其他你想得出來的原因？

4. 他有「亞斯伯格症的不滿」。有時候你會發現，那些不好的行為是由我稱之為「亞斯伯格症不滿」的原因引起的；用其他話來說就是，有些事情對這個孩子來說非常重要，但似乎對外界的人而言是愚蠢、不重要或無法理解的。一個極端的例子是，亞斯伯格兒童重重打了另一個小孩一拳，並且傷了他。結果這件意外是由於他最喜歡的足球隊的標誌被人取笑。然而，亞斯伯格兒童並不樂於承擔任何責任（如果是這樣，請見下面的祕訣17）。

祕訣17 「做結論之前先做朋友」

對於任何孩子，我們的目標永遠是「愛孩子，但要求其行為」。但是當他完全不理性，或是抱怨他的「亞斯伯格症不滿」時，要這樣做就不容易了（參見祕訣16）。在這種時候，嘗試用邏輯來告訴他，他不對或是不理性，可能很不錯，不過可能沒有用。我們必須接受：「在當下這一刻」就是他的真實情況。此時他已打從心裡被說服，他的不滿是真實的，所以他的行為是對的。

在一段時間中，我們可以藉著慢慢挑戰他的想法，而做很多事情來協助亞斯伯格兒童，但重點是時機必須正確。他需要感覺平靜、有信心和快樂，才會樂於接受。在他心情依舊難過的時候跟他爭論，是根本錯誤的時間，這時候他可能比平常更為僵化，而且可能會變得更加固執。

要將你大部分的力氣放在給他「無條件接受」的訊息上。對他的不滿給予適當的同理，而不要論斷或是寬恕他的行為。如果他可以信任你無論如何都會站在他這一邊，當時機正確時，他會對你稍後必須對他說的事更能敞開心胸和樂於接受。記住，你必須「做結論之前先做朋友」。

祕訣18 站在他那一邊

做所有你能做的，以確保孩子對於你跟他站在同一邊毫無疑問。站在他這邊包括：溫暖和接納、對於他感興趣的事情也產生興趣，以及聆聽他的話而不帶批判（參見祕訣52，作為同盟；祕訣107，同理心聆聽）。

當然，這並不代表接納不能接受的行為。可是在糾正他時，我們必須盡力將孩子和行為加以分開。很重要的是，他開始能接收到這樣的訊息：我們不喜歡的是「行為」，而不是他。告訴他：你和他是在同一邊，而且家庭裡的每個人應該要站在同一邊。不要假設說，不用告訴他，他就知道這些事情。他需要你「告訴他且表現給他看」：你關心他，你珍視他的陪伴，你喜歡他，你欣賞他的幽默感，以及你同情他的困境。

建立自尊

健康自尊的重要性

對任何孩子來說，良好健康的自尊都是重要的，而且對他的生活各方面都有幫助。不良的自尊可能會以各種方式來表現，包括退縮和憤怒，而且甚至可能導致沮喪憂鬱。

亞斯伯格兒童的困境

當亞斯伯格兒童表現出低自尊，要找出他何以如此的原因，並不一定容易。譬如說，在他顯得冷漠、傲慢自大和堅持己見時，很難想像這種態度可能是低自尊的偽裝。不過，如果仔細想想就會明白，有安全感又快樂的人通常不會覺得需要有這種行為。亞斯伯格兒童可能會有自尊問題的一個原因是，他從一開始就傾向有一個非常不真實的自我形象。他經常是個完美主義者，而且完全看不清自己的優點和缺點。他對自己的能力有誇大不實的想法，而當他無法達到自己的標準（參見完美主義，祕訣148～154）時又陷入悲慘的失望中，他就在這兩者之間擺盪不定。同時，要想像他的自尊如何因為亞斯伯格症的典型困難而受苦，也是很容易的。一天到晚過著感覺被誤解和為世界所困惑的生活，一定會非常令人沮喪。

我們可以如何幫助孩子

要幫助我們的亞斯伯格小孩塑造正面的自我形象，有很多事可以做。這是個緩慢而困難的任務，不過卻是相當值得的。以下是一些建立自尊的祕訣。

祕訣錦囊

建立自尊

19. 「抓住他做對的時候」
20. 獎勵而非處罰
21. 擁有「正向的時間」
22. 讓他免於羞辱
23. 讓他參與行為規畫

祕訣19「抓住他做對的時候」

作為父母，我們太常忘記讚美的力量了。我們不去尋找事情來讚美孩子，相反的，我們總是等到注意到孩子犯錯時，再來批評他們。但是，讚美是一個有效的動因，它會以讓孩子知道「你做得對」的方式建立自尊。而亞斯伯格小孩比大部分的孩子更需要這種回饋。訓練你自己以找到機會，對他的行為、他所做的努力以及他的進步，給予溫暖、鼓勵的回饋。

讚美亞斯伯格兒童最有效的方法

要讚美亞斯伯格小孩，時機正確是很重要的，因為他很可能十分厭惡似乎過於做作或泛泛的讚美。聽起來像真的但又不會太濫情的讚美，他通常會覺得最自在。讚美亞斯伯格小孩的一個有效策略，是使用「看見——感覺——命名」的方式。

- 看見：說出你所看到的。例如：「我看見你讓妹妹參加你的遊戲」。
- 感覺：描述你所感覺到的：「我非常高興看到你們兩個玩在一起，又玩得很好。」
- 命名：給你正在讚美的行為一個名稱：「那就是我所說的『當一個大方友善的哥哥』。」

祕訣20 獎勵而非處罰

試著將你的管教方法建立在「進步和獎勵」的基礎上，且只把懲罰當成最後的手段。同時要記得，獎勵並不需要是物質的或是昂貴的。一個獎勵可以是一句「做得好」、喜歡的一頓飯、一個擁抱、出去走走，或甚至是有個大人跟他一對一的聊天和聽他說話。

祕訣21 擁有「正向時間」

當你把一段時間設定為只談正面事物的時刻，這段「正向時間」就是家庭的趣味時間。

規則是：

- 一次只有一個人說話。
- 其他的人都要仔細聽。
- 你可以談論任何事物，只要那是正面的就可以。

開頭可以如下面的例子：

• 我喜歡晚餐後吃冰淇淋。
• 當你把你的玩具整理好，我真的很感激。
• 看電影真的很有趣。

祕訣22 讓他免於羞辱

世界上的每一個孩子都討厭受到羞辱，而且會盡可能避免。亞斯伯格兒童必然會遭受到更多的羞辱，而這對他們可能會是相當痛苦的。要找出能幫助他免於羞辱的方法，例如：

• 藉由讓他處於雙贏的狀況而讓他有許多成功的經驗。這表示，有時候，當你知道有些事情對他太困難時，最好讓他避免。
• 不要將太多注意力放在他的錯誤上。
• 當他真的做錯時，向他說明怎樣避免，並鼓勵他思考：「下一次我們可以用怎樣不同的方式來做？」
• 有衝突產生時，千萬不要把他逼到角落。試著提供他一個保留顏面的方法。

祕訣23 讓他參與行為規畫

當有行為問題產生時，與其總是提出解決之道或是下最後通牒，不如試著將問題提出來給他，讓他覺得這是你和他可以「一起」解決的事情。比如你可以說一些像這樣的話：「今天阿姨來我們家的時候，你好像有點不禮貌。我知道你不是故意的，但當她說：『嗨，你好嗎？』，而你只是從旁邊走回你的房間時，這樣看起來不是很友善。我希望我們可以討論出一些方法，下次可以讓你不會看起來沒有禮貌。」

然後，留點讓他回應的空間，同時跟他討論或是角色扮演一些「可能友善的反應」。這種方法有時候會管用，因為這有助於他感到受尊重，也讓他知道你重視他的想法和意見。

降低焦慮

亞斯伯格症與焦慮之間的關連

為了讓亞斯伯格兒童建立良好而堅固的基礎，我們不僅要確認他感覺安全、被愛和受到接納，也要採取一些方法來降低他的焦慮。專家告訴我們，有亞斯伯格症的人容易焦慮。我們常會因為焦慮和壓力而受害，所以要知道它會如何影響我們。

當我們焦慮或是處於許多壓力之下，我們就無法像平常一樣處理我們的生活。我們可能無法專心或是睡得好，我們容易不理性或是容易生氣。我們可能會在吃的方面有問題，也許是吃得過量，也許是吃得太少。我們可能會有點胡思亂想，為小事或是瑣事感到煩心，而且會超乎常情地很容易發生困難。

一旦仔細想過這些，我們就會發現，有非常多跟這些一模一樣的症狀，會在我們的亞斯伯格孩子身上看到，而這也讓我們能了解，他們在每天生活中必須忍受的焦慮有多少。

原因

人們一般會感覺到的焦慮的多寡，通常是看他們的人格特質和外在因素而定。有些人就是比其他人容易焦慮。我們全都碰過一些人，他們好像可以很輕鬆地面對生活，不管碰到什麼事都可以應付自如，一點都不會擔心。相對的，也有人為焦慮所苦，不論周遭發生了什麼事都一樣。在一個極端的例子裡，一個人可能會為了做一個非常小的決定而變得焦慮：例如在兩件衣服中要選哪一件穿。這就好像他們的焦慮是來自於內在，雖然他們在理智上會怪罪於某個外在因素。這種人格特質光譜的末端，就是我們在亞斯伯格孩子身上所看到的。

「亞斯伯格症的焦慮」

是什麼造成亞斯伯格兒童的焦慮？有時候是有清楚的外在原因，例如：孩子可能是因為在學校或是其他地方被欺侮而難過。有時候理由則不明顯且很難從外在了解。我把這些因素看做是「亞斯伯格症的焦慮」，而且我們只能去接受。

我記得有一次跟我兒子去一家店，那時他大約九歲。因為新學期開學，我帶他去那裡買一些色筆。他用一種熱切而過分關注的態度，就像是花了好幾年的時間，看著各種不同的筆。當他還在挑選的時候，我們碰見了一位女士，某個朋友。她跟我聊了一下後，試著用問問題的友善對話方式加入肯尼斯——像是他喜歡什麼顏色的筆，學校新學期何時開始之類的事情。沒有回答，只有沉默。她反覆試過幾次，都無法從他那裡得到回應，直到他突然用非常大又生氣的聲音對她吼著說：「立刻住嘴。難道你看不出來，我正在努力地專心嗎？」

現在我看得到這件事有趣的一面了，相信你也有很多類似的窘迫經驗。不過這也很令人疑惑。為什麼他一定要這麼無禮、不高興呢？他是不是故意想要冒犯別人呢？他難道看不出來，這位女士只是試著要表現友善嗎？他難道不知道他已經讓別人困窘了嗎？回頭想想，很容易看出答案是「不」。他真的不明白這些事，因為他的亞斯伯格「心靈盲點」（mind blindness）。但另外一個重要原因是他的焦慮。

他為什麼焦慮？一部分的原因必然是這個情境的社會面；在商店裡遇上了某個他沒有預期會碰見的人。不過到後來我才了解，挑選筆也會讓他焦慮。雖然我以前見過這種事，但我那時並未了解做抉擇會讓有亞斯伯格症的人感到焦慮。想一想為何會這樣，是件有趣的事。或許他們擔心事情會出錯，或是做了錯的選擇。我們永遠不得而知。

我們可以如何幫助孩子

有些重要的策略，可以協助我們管理孩子的焦慮程度：

- 了解與容忍
- 提供秩序、架構和預告

了解與體諒

祕訣24 了解「隱藏的焦慮」

有時候亞斯伯格症被視為一種「隱藏的缺陷」，因為那些問題是隱而不現的。不過我們也必須關心「隱藏的焦慮」，因為從表象來看，許多典型的亞斯伯格症特徵，看起來一點都不像焦慮。即使對父母來說，它們有時候看起來可能更像是與焦慮相反。此外，有些特質會在小孩焦慮時變得更加極端。

讓我們來想想：對外界來說，亞斯伯格症的特徵是什麼樣子？我在肯尼斯第一次接受診斷時拿到的亞斯伯格症「診斷卡」上，發現一個有趣的摘要。這是一張小卡片，大約是一張名片的大小，你可以放在錢包或是皮夾內。它很有趣，是因為它是設計來給完全對此一無所知的人讀的，所以它必須寫得很直接。上面是這樣寫的：

什麼是亞斯伯格症？

亞斯伯格症是一種缺陷，在某些方面跟自閉症很相似。亞斯伯格症患者一般看起來和聽起來都很正常。他們在社會認知和社會溝通方面有問題。他們會顯得粗魯無禮、不善交際和傲慢，而且會以奇怪、反常和無法預測的方式來表現。

亞斯伯格症會從生活的各個方面影響一個人，而其智力有各種不同面向，從輕度的學習障礙到天才都有。請耐心地面對他們，他們並不是有意要冒犯別人的。

這段話發人深省，不是嗎？當我們意識到，孩子給人的是這樣令人不快的印象「粗魯、不善交際、傲慢和攻擊性強」，並不是大部分人對焦慮的看法。然而，身為父母，我們在內心裡知道，無論外表看起來如何，孩子必定為許多焦慮所苦，即使那是隱而不現的。問題是，這個世界並不會體諒隱藏的困難，而這使得我們為人父母者對孩子的體諒更加重要。

祕訣25 找出原因

是什麼引發了焦慮？試著了解原因，以便我們能盡最大的努力給予協助，是值得的，雖然不是每一種情況都可能找出原因。記住，對亞斯伯格兒童最困難的，就是處理不熟悉和無法預測的事。想要了解是什麼造成焦慮，我們可以問自己這些問題：

‧他的生活中最近有什麼事情發生嗎？是不是有任何改變？
‧他最近換班級了嗎？
‧他的例行活動改變了嗎？
‧他生病了、累壞了或是格外疲倦嗎？
‧他的生活中出現了新的人物嗎？
‧有沒有可能發生了什麼你不知道的事？在學校被欺負？有感覺統合的問題？
‧是否有任何的行為模式出現？
‧是否有任何事情讓他感到特別困難？
‧有沒有可能是在學校裡發生了被欺侮的事情？

有時候有非常特定的理由，但有些時候一點也沒有特別的原因，我們必須接受那只是「亞斯伯格症的焦慮」。對亞斯伯格孩子來說，這個世界可能會是一個令人困惑、充滿敵意以及無法預測的世界。即使無法總是能夠了解，我們還是可以為他做很多事，只要能讓他知道我們是站在他那邊的就好。

祕訣錦囊

降低焦慮

了解與體諒：

24. 了解「隱藏的焦慮」
25. 找出原因
26. 力求適當程度的焦慮

提供秩序、架構和預告：

27. 小心的安排任何改變
28. 使用布告欄
29. 使用計時器或碼錶
30. 使用視覺教具
31. 將視覺教具護貝

其他建議：

32. 運動
33. 分散注意力
34. 「愜意的日子」

祕訣26 努力求適當程度的焦慮

孩子焦慮、發脾氣和痛苦，而且我們了解，他們比他們表現出來的更容易受到傷害。當然我們希望能協助和保護他們，不過同時我們也明白，過度保護他們是不好的。要達到適當的平衡並不容易。

焦慮終究是生活的一部分，記住這點會有幫助。雖然太多的焦慮會令人麻木，但些許的焦慮有助於激勵我們去作一些我們可能不會去嘗試的事情。在「適當的焦慮程度」中，孩子會感到自在而願意去嘗試一些新的事物，而在過程中發現他有辦法處理困難的情況。我們的目標是要管理焦慮，而不是排除焦慮。現實上，這會是一個持續不斷、長期的過程。

我們可以做很多事來幫助孩子認識世界，並讓生活對他們而言是更可預測的。不過他們也需要學會了解，生活不可能總是可以控制和預測的。有時候，事情就是無法依照計畫進行——而那樣也無妨。

提供秩序、架構和預告

祕訣27 謹慎地安排任何改變

記住，即使是一個小改變，也都常會讓亞斯伯格孩子非常焦慮。在你們倆都覺得放鬆的時候，試著跟他說明任何改變，即使是他行程的變動也一樣。可以的話，最好給他充分的事先警告。

祕訣28 使用布告欄

如果家裡還沒有布告欄的話，不妨考慮設置一個。它可以作為孩子的一個參考點，展示一些資訊，來幫助這個世界對他變得多一點可預測性，例如：重要的規則、行程表、約定、星座圖等等。確定布告欄放在他可以看到的地方，如廚房、起居間或是他的房間，以便他需要時可以自行參考。

祕訣29 使用計時器或碼錶

廚房計時器通常很容易買到又便宜，而碼錶可以在體育用品店買到。對亞斯伯格孩子來說，這些東西是很棒的投資，而且在提供他所需的架構和預告上，會有很大的幫助。他可能會在聽到響亮的嗶嗶聲告訴他時間到了時，發現一種令人放心的確定感。此外，這些東西也很好玩！計時器在很多情況用得上，例如：

- 你需要在接下來的兩分鐘之內安頓下來。
- 我想要有二十分鐘沒有你打擾的安靜時間，然後我會跟你玩一個遊戲。（如果他打擾你了，就重新開始計時二十分鐘！）
- 當你做了十五分鐘的功課後，就可以看電視。
- 你可以在床上讀十分鐘的書，然後燈一定要關掉。

・讓我們看看你是不是可以讓球跳三分鐘，不會停下來。

祕訣30 使用視覺教具

如果我們能幫助亞斯伯格小孩了解和記住別人對他的期望是什麼的話，他將會發現要了解這個世界更容易，而且這會消除他的一些焦慮。大部分的亞斯伯格兒童是視覺思考者，因此，提供他們很多視覺性的教具，是有道理的。視覺教具可以簡單如快速寫下來的提示，也可以是複雜而色彩豐富的展示品。視覺教具可以有什麼樣的幫助，對每個孩子來說都是完全不同的：所以它可以是行為約定、基本規範、行程表、餐點計畫或是其他事物。你最清楚要跟自己做什麼樣的嘗試。不過原則很簡單：亞斯伯格兒童通常從他所看見的，遠比從他所聽見的學習和記得的更多。

這個非常重要的原則，可以應用在無數的方法上，而運用想像力去看看你會得到什麼結果是很有趣的。例如：把視覺教具製作跟孩子的特殊興趣結合在一起，或是用他最喜歡的卡通角色的貼紙或圖片裝飾，會讓教具更有吸引力。

祕訣31 將視覺教具護貝

小而不會太貴的護貝機可以在辦公室用品店買到。雖然護貝有一點奢侈，但是將你的視覺教具護貝，會讓人很滿意。其中一點是，它們會看起來更加吸引人和更好看，而且也會更耐用。如果你使用合適的奇異筆，視覺教具還可以反覆擦掉和再利用。

其他建議

祕訣32 運動

運動會是很好的「壓力破壞物」。有時候，當孩子焦慮時，要是讓他出去散步或是從事任何一種活動性強的運動，例如玩、跑步或是游泳等，都可以讓他冷靜下來。

祕訣33 分散注意力

要讓焦慮的孩子把注意力分散到某樣他覺得有趣或是吸引他的事情上，必須是他熟悉或是感到自在的事物。比如給他一本新的著色本，或是依據他的特殊喜好來做字詞檢索。

祕訣34 「愜意的日子」

偶爾給他一個「愜意的日子」，允許他整天懶散地穿著睡衣，做他想做的事情（在合理的範圍內！）。當你見到他越來越過度焦慮時，不妨為他安排一個愜意的日子，讓他有所期待。

第二章

讓孩子表現出最佳狀況

填補社交和情緒缺口

最佳方法

促進順從和動機

處理困難的時刻

填補社交和情緒缺口

「教導」社交和情緒技巧

社交和情緒問題對亞斯伯格兒童的生活有深遠的影響，它們會影響他是否能夠在行為以及跟其他人的關係上，採用一種成功的和社交上可為人接受的方式。局外人通常會對典型的亞斯伯格症行為感到生氣，即使他們可能無法確切指出來究竟是為什麼。他們很可能會把這樣的行為貼上「粗魯」或「教養不佳」的標籤。但通常這個孩子連一點想要引起別人生氣的意圖都沒有。

如果很幸運的，我們擁有良好的社交和情緒技巧，那麼我們跟這個世界的關係就會進行得很順暢：我們知道如何讓別人放輕鬆，以及讓他們感到舒服自在。我們會顧慮別人的感受，並將它列入考量，不過當然，要能這樣做，我們必須要先能想像別人的感覺，可是這對亞斯伯格小孩是相當困難的。

亞斯伯格小孩主要的一個問題，是有時候被稱為「心靈盲點」的問題，心靈盲點基本上是指，他發現要對他人同理或是想像其他人的觀點是相當困難的。這會使得關係產生難以想像的困難。當你沒有其他孩子所擁有的「社交觸角」時，很難跟他們成功地玩在一起。亞斯伯格兒童並不善於判斷誰是真正的朋友，以及哪些孩子會帶來莫大的傷害。但做父母的卻會對這些事非常擔心。我們的孩子很重要，而且我們渴望幫助他們。我們知道，長期而言，如果一個人讓他周遭人的生活不舒服，結果他會變得不受歡迎、不受人喜愛和被排擠。最後這甚至可能會毀掉他的就業機會。

有了孩子後，我們會預期必須教他們很多事：如何自己穿衣服、安全地過馬路、自己吃飯等等，但我們一般都不會預期必須要「教導」他們情緒和社交技巧。可是，如果亞斯伯格兒童必須學會這些重要技巧的話，他就「需要」被教會。最終，我們的目的，是協助發展他在社會和情緒上的覺察和理解能力。不過，要這樣做，我們先得試著了解他的想法，並找出他的盲點所在。

社交技巧和誠實之間的衝突

孩子們發現人際禮儀之類的觀念非常困難的一個原因是，有時候禮儀代表不要完全誠實。在告訴別人事實和取悅他們之間會有衝突存在。在這種情況發生的時候，「一般」人通常會選擇說善意的謊言，而非讓人不舒服。我們大部分的人都接受這樣的小奸小詐，當成是社會運作方式的一部分。事實上，我們使用「善意的謊言」這類的字彙，就表示我們認為它們是無害的。我們看待它的方式是，有時候犧牲一點誠實，好讓事情能順利進行，是值得的。一般來說，我們甚至很少思考這件事，它就這樣發生了。所以，我們偶爾會因為要讓別人感覺舒服點，而說出不是那麼真實的話。我們說的並不是心裡真正想的那樣。我們知道何時應該「不要說出來」。即使並不是真的對某個話題感興趣，我們還是會加入別人的閒聊。

亞斯伯格症患者的內心卻完全不是這樣運作的，這意味著他們很多時候都會「在無意間惹惱我們」。從他們在各種情境下都真的只懂得誠實和直接，而看不到其他觀點來看，他們是天真的。他們無法領會像「善意的謊言」這樣微妙的觀念。對其他人來說，這可能相當具有挑戰性；但從亞斯伯格的觀點來看，其他任何行為方式都是很不自然的。

祕訣錦囊

填補社交和情緒缺口

35. 欣賞他的誠實，把它當作是一種非常特殊的特質

36. 找出他的盲點

發展他的覺察能力：一些可以嘗試的技巧

37. 提示和討論

38. 使用回饋以填補「同理心缺口」

發展他的覺察能力：一些可以嘗試的活動和遊戲

39. 一本情緒書

40. 製作家庭版的比喻手冊

41. 角色扮演

42. 偵探遊戲

43. 引導他了解情緒的不同程度

44. 擴充他的「情緒字彙」

遊戲和社交技巧：一些可以嘗試的點子

45. 招募夥伴

46. 玩伴約會
47. 讓他當記分員
48. 跟隨領袖
49. 輪流
50. 網路關係

祕訣35 欣賞他的誠實，把它當作是一種非常特殊的特質

通常亞斯伯格兒童的「粗魯」行徑其實只是誠實的行為。誠實和直接是亞斯伯格症相當大的部分，而且即使可以，我們也不想阻止孩子成為他們現在的樣子。

從正面來看，碰到如此典型的亞斯伯格症——沒有偽善和矯飾，是相當難得和令人耳目一新的。但這當然是個挑戰！有一個亞斯伯格小孩時，至少你應該總是能正確切地知道自己

的處境。他們不會掩飾。毫無疑問的，置身在那些相反的人格特質類型，也就是只跟我們說我們想要聽的話的「取悅者」旁邊，會比較輕鬆。但另一方面，我們真的能從亞斯伯格兒童的誠實學到很多。

祕訣36 找出他的盲點

在可以協助亞斯伯格兒童之前，我們必須先試著找出什麼是他了解，和什麼是他不了解的，因為我們很容易會假設什麼是他了解，但實際上那並不是他真正了解的。長時間地努力思考他在覺察和理解能力的缺口在哪裡，是有意義的。

最近的研究指出，超過百分之九十的社交互動包括了非口語溝通，所以非口語溝通顯然是極端重要的技巧。因此，我們可以從假設溝通的整個範圍超乎典型的亞斯伯格兒童的覺察和理解能力，開始著手。我們大部分人都直覺地擅長非口語溝通，因為我們從還小的時候就直覺地開始學習這件事。但這個重要的學習過程並未以正常的方式在亞斯伯格兒童身上發生。在非口語溝通上的問題會廣泛影響到他生活的各方面，包括：

• 解讀肢體語言的能力

・對不成文的社交規範的認知
・其他微妙的技巧

肢體語言

解讀肢體語言是一種很棒的技巧。我們擁有直覺能力可以「解讀」其他人的情緒和意圖，而他們不需要用言語來告訴我們。我們可以這樣做，是藉著蒐集和解釋他們散發出來的所有微妙的非口語線索。甚至，更吸引人的是，這種複雜的溝通層次都是在潛意識進行的。

但是對亞斯伯格兒童來說，情況完全相反。舉個簡單的例子來說，我們大部分人都發現，要「分辨」某個人是否「似乎厭煩」是很容易的。我們是怎麼辦到的？透過「解讀」各種線索，比如他們臉上的表情、他們的眼神、他們的身體姿勢和手勢，或是他們聲音的語調。然而，即使是這樣簡單的例子，都需要非口語溝通的複雜技巧，可是這並不是亞斯伯格兒童與生俱來的能力。對他來說，非口語溝通有點像是外國話。

社交規範

社會上有許多不成文和複雜的規則慣例，是為我們大多數人所假定的，這可以讓溝通進行得順暢而有效；例如，我們一般會服從管理階級的人。此外，我們大部分人在還很小的時候，甚至不需要嘗試，就開始學習這些規則，但是亞斯伯格兒童對這些事情卻幾乎沒有天生的覺察力。

其他微妙的技巧

情境覺察

對於不同的情境以及它們如何影響溝通，他幾乎沒有評斷的能力。這表示，他傾向以相同的直接方式跟每個人說話，而這樣做通常會被視為不恰當。

圓滑

他不太了解什麼是圓滑，所以他可能看不出來，為什麼他不應該告訴奶奶他希望她回去，如果這是他心裡的感覺的話。

字面解釋

他也很容易將事物，如比喻，依照表面的字義來解釋。有時候這會導致一些好笑的情況發生，不過也可能會使他不知所措和造成誤解。

發展他的覺察能力：一些可以嘗試的技巧

祕訣37 提示和討論

提示

亞斯伯格兒童容易將他的情緒用行為而不是用語言表達出來，而且對於他自己的情緒狀態只有很有限的覺察能力。指導和提示可以協助發展他的覺察能力。一開始你可能會感到有點奇怪，因為你通常不必「教導」孩子情緒方面的事。但是當你開始習慣，就會變得比較容易了。

- 誇大你的肢體語言，好讓他知道你的感覺。
- 用語言跟他說明規範慣例。例如：「當一個大人跟我們一起搭車旅行時，如果小孩拒絕讓他坐在前座，一般都會被認為沒有禮貌。」

• 開放而平靜地跟他討論他的情緒。以他需要用來表達其真實性的字眼，來給他提示。例如：「當……發生的時候，一定讓你覺得非常生氣（難過、快樂，等等）。」有需要的話，問他最主要的問題是什麼。

討論

對亞斯伯格兒童來說，要讓他願意聽和了解的一個重要訊息是：每一個人（包括你！）都需要別人好好對待，這表示，你應該用你希望別人對待你的那種方式，來對待別人。

用開放的態度討論人們應當如何被對待。以下有一些問題和議題，是你應該在跟孩子討論時提出來的：

• 你（你們每一個人）喜歡別人如何對待你？
• 你討厭別人怎樣對待你？
• 你可以想出這兩種情況的一些例子嗎？
• 誰值得讓人好好對待（例如姊姊、朋友、媽媽、爸爸等等）？

針對他不容易了解的一些微妙觀念，鼓勵孩子在家裡進行討論，例如：

• 故意的和非故意的傷害（參見附錄11）

- 取笑和開玩笑（參見附錄12）
- 欺負（參見附錄13和14）

祕訣38 使用回饋以填補「同理心缺口」

記得：他很難讓自己去配合別人，所以每天要找機會「用言語」告訴他你現在感覺如何，而且要用一種平靜和敘述事實的聲音。也跟他談談其他人可能會有怎樣的感覺，因為他並不會用直覺去猜想這些事情。

跟他解釋，他說的和做的事會影響別人產生什麼感覺。例如，如果他給你一個擁抱，很清楚地告訴他：如「那讓我感覺好好……當你給我一個擁抱時，讓我感覺非常好。」或者，如果他的行為正慢慢超過界線，不要預期他會了解那些你不高興的細微暗示。用言語非常清楚地表達出來，例如：「我快要發脾氣啦」，或「你在房間裡丟玩具，讓我非常生氣」。

發展他的覺察能力：一些可以嘗試的活動和遊戲

祕訣39 一本情緒書

製作一本可以幫助你和孩子一起探索情緒的特製情緒書。在書裡有例如：快樂頁、悲傷頁、生氣頁、害怕頁。貼上或是畫上適當的圖片、故事或是字句。列出讓你快樂、讓你生氣等等的事情清單（讓你快樂的事物可能包括如巧克力棒和電腦遊戲）。「訪談」朋友和家人，找出讓他們快樂、悲傷等的事情（參見附錄5，有一些製作情緒書的點子）。

祕訣40 製作家庭版的比喻手冊

製作一份收集比喻的家庭版手冊，將它們放進筆記本中。讓每個人找出一些例子，並與其他家庭成員分享：

- 把它們當作有趣的事
- 討論它們真正代表的意義，以及你可能會如何解釋它們
- 為這些比喻畫趣味插圖（例如：「瓊斯太太有綠手指」）

祕訣41 角色扮演

孩子可能會喜歡角色扮演，而角色扮演可以讓他以一種安全而有趣的方式，試著採用另一個人的觀點。可以用各種各樣的方式來進行角色扮演，例如：重新扮演稍早前發生的狀況，並探索可能的不同處理方式。在打電話和其他社交情境上都可以作有趣的角色扮演。

祕訣42 偵探遊戲

關掉電視節目或是連續劇的聲音，看看只從非口語溝通如臉部表情、手勢等等，你可以猜中多少接下來會發生的事情，以及劇中角色感覺如何。

從雜誌上剪下一些人物的照片，看看從照片上你們可以猜出多少關於他們的事情：他們的年齡、職業、他們可能正在做什麼，他們可能感覺怎樣以及為什麼會這樣感覺，等等。

祕訣43 引導他了解情緒的不同程度

亞斯伯格兒童經常只察覺到比較極端和直接的情緒，而且容易把對別人的看法過分簡化。例如：他們要不是「快樂」，就是「悲傷」；對他們來說，別人可能是「友善的」和「親切的」，要不就是「討厭的」和「噁心的」。

鼓勵他們藉著使用某種「簡單的視覺符號」，察覺其間的程度差別。例如：如果他說他快樂，也許你可以問「多快樂？」。要表示「很小的一點點快樂」，視覺符號應該是將他的手擺得相當靠近；要表示「非常快樂」的話，他可以將雙手盡可能地張開。然後你可以告訴他，在這兩個極端之間有各種不同的程度。

祕訣44 擴充他的「情緒字彙」

開發一些新而有趣的字眼來表達情緒：高興、憂慮、害怕、失望、憤怒、氣餒。找出附錄7情緒字彙清單上的一些例子，討論在哪些情況下可能會導致人們感受到這些情緒。

遊戲和社交技巧：一些可以嘗試的點子

祕訣45 招募夥伴

如果可以的話，至少讓孩子生命中的一個特別的人對他感興趣，跟他一起玩，並且教導他所需的技巧。這個人可能是朋友、親戚，或是某個樂於每週來幫忙一次以賺外快的學生。

祕訣46 玩伴約會

定下有人監督而你也相當確定會成功的玩伴約會；例如：另一個孩子或是孩子們很適合跟你的孩子共處的日子。幫他們做適當的安排，並讓亞斯伯格孩子知道細節，比如：他應該要何時抵達和離開、會有哪些人在場、他應該要做些什麼，以及可能發生的事情。

祕訣47 讓他當記分員

假如他在玩團體遊戲上有問題，或許他會喜歡當個記分員或裁判。這也可以鼓勵他觀察比賽和學習規則（不過你可能需要指導他避免過於嚴格，或是把這件事看得過分嚴重）。

祕訣48 跟隨領袖

玩一玩「跟隨領袖」的遊戲，每個人都要仔細觀察「領袖」做的事，並且跟他做得完全一樣（例如：踏步前進、拍手、跳上跳下、繞著圈圈走等）。亞斯伯格孩子可能會覺得有自信參加，因為規則非常簡單、明瞭。

祕訣49 輪流

他可能會需要有人對他非常清楚而有耐心地解釋「輪流」的概念。他需要了解的，不只是有輪流如何運作，還有它為什麼對每個人都是公平的。即使當他在智能層面上真正了解了，他也依然可能需要很多次的練習和鼓勵。找出許多簡單的有趣例子，例如：「輪到你當『領袖』五分鐘，接下來輪到你哥哥當五分鐘。」

祕訣50 網路關係

他可能會喜歡網路關係和伊媚兒筆友，用這種方式去跟其他擁有相似興趣，或是同樣有亞斯伯格症的人建立關係。

最佳方法

這個單元包含適用於一般狀況的祕訣，可以讓亞斯伯格兒童做出最佳表現的最佳方法。

53. 清楚的溝通
54. 用正面的方式要求紀律
55. 溫和但堅定
56. 給予回饋
57. 有彈性
58. 向前看
59. 展現聯合陣線
60. 選擇你的戰爭
61. 選擇你的時機
62. 具備幽默感

祕訣51 平靜且放鬆

任何一個孩子，尤其是亞斯伯格兒童，對冷靜、放鬆的方法回應得最好，但是，當然，要改變你的基本性情是很困難的，如果那對你來說不是容易的方式。不過，做點小小的改變好幫助你變得更放鬆，是有可能的：向圖書館借一本關於放鬆的書；上瑜伽課；聆聽放鬆的錄音帶；按摩；冥想；祈禱；或是做做那些可以幫助你感覺平靜的事情。

祕訣52 成為盟友

即使在有行為或是教養問題時，大部分孩子都深深知道父母是站在他們那一邊的。但是你不能理所當然地對亞斯伯格兒童也做這樣的假設。他很可能會信以為真地做出一個「你反對他」的結論，只因為，例如：你沒有給他他想要的東西，或是你嘗試要改善他的行為。

找些方法來確認：他知道不論發生什麼事，父母都是他的盟友。他可能需要聽到用言語說出大部分孩子通常不需要被告知的一些事情：你是他的盟友和朋友；改善他的行為是你為人父母的「工作」；你沒有給他他想要的每一樣東西，是因為你很愛他，所以不想做一些將來對他不好的事情（參見祕訣18，站在他那一邊）。

祕訣53 清楚的溝通

記住，期望亞斯伯格兒童能了解微妙的差別，是不公平的。藉著和他相同的溝通方式，也就是誠實、清楚而不模糊的溝通方式，能幫他了解你正試著要跟他溝通的東西。不要暗示或是留下任何疑問的空間。例如，如果你想要他穿上外套，不要說：「你不冷嗎？」或「穿上你的外套，怎麼樣？」或甚至是「你『想』要穿上你的外套嗎？」而應該說一些非常清楚的話，如：「你必須穿上外套。」或是「請穿上你的外套。」

具體而平靜地告訴他，哪些行為是別人期望他去做的，哪些是他行為選擇後的結果。你不能假設他知道，除非你清楚地告訴他。不過，態度要盡量前後一致，並讓他知道他快要「超出界線了」。

祕訣54 用正面的方式要求紀律

基本原則是：

- 「把握他做對的時候」（祕訣19）。

- 一般而言，盡可能忽視壞行為，而注意好行為。
- 獎懲只作為最後的手段。

雖然清楚的規則和有架構的紀律對亞斯伯格孩子會有幫助，但要小心切莫過頭了。跟孩子一起高興地玩，也是很重要的。記得：沒有關係的人際規範代表著背叛（參見祕訣23，讓他參與行為規畫）。

祕訣55 溫和但堅定

當一個亞斯伯格孩子知道有一道清楚又堅定的界線時，這可以讓他感到安全和放心。記住：態度堅定並不表示你需要發脾氣。理想的態度是在堅定與溫和兩者間取得平衡。

堅定的訊息

堅定和管理行為以及幫助他感到安全有關，這是在告訴他：「我會幫助你了解這個世界」以及「有些界線是你一定不能跨越的，而且我會非常關心，並保護這些界線」。

溫和的訊息

溫和意在協助他深刻地明白：「你被接納的就是你現在的樣子」以及「你永遠也無法阻止我愛你」。在問題過後，要告訴孩子：你原諒他了，還有我們都會犯錯，而且我們都不時會做出一些不該做的事情。家人間很重要的就是可以犯錯而不會影響他們對我們的看法。讓他了解家人就是會在那裡互相支持。

即使當你正在說「不」時，也要盡量用溫暖而和藹的方式對孩子說話。這會讓你們「兩個人」都記得你仍然站在他那邊，即使你態度很堅定。

祕訣 56 給予回饋

對他的行為持續給予回饋，好讓他知道他做得多好。試著給予更多的正向回饋而非負面的回饋。

祕訣57 有彈性

不管是在這本書裡或是其他地方，你都可以自由地嘗試思考得來或是碰巧想到的新點子和策略。如果一個點子有用，那麼只要在它有效的時間內，都可以繼續使用。你可以接受、拒絕、修正或是改編點子，使它們能適用於你獨一無二的狀況。而且，別忘了，一個今天沒有效的點子可能六個月後會有用，反之亦然。

祕訣58 向前看

為了孩子著想，需要提高警覺，但是不要變得偏執。要小心可能的「地雷」，也就是可能會造成孩子主要問題或是焦慮的情況。決定如何處理的方式：如果不是避免這樣的情況，就是擬定一個幫助他處理這些狀況的計畫。記住，預防勝於治療，而且要在問題產生以前就採取行動來預防。

祕訣59 展現聯合陣線

這點可能很難辦到，但如果可以的話，請你試著確定與孩子生活相關的人對基本議題都抱持相同意見，比如：規則和標準是什麼以及如何處理問題。如果你可以展現一道聯合陣線，就可以讓孩子清楚他的處境，並避免他讓兩個大人產生對立的情況。

祕訣60 選擇你的戰爭

要處理因為不佳行為而來的每一個單一事件是不可能的，即使可能，這也不是個好主意。假如我們一直在改正和批評某個孩子，他會覺得我們不斷在催促他，而且就是不肯聽他說。這表示一旦我們有需要跟他談某件真正重要的事情時，他可能不會認真以對。而且，持續不斷的戰爭是很累人的，特別是當你和孩子在某個不可能強迫執行的問題上變成一對一對立的狀況時。

通常避免對抗比捲入戰爭而失敗會好一些，所以有時候睜一隻眼閉一隻眼比較好。然而在火爆的時刻，要決定某個事件是否值得處理，並不一定總是那麼容易。先問你自己兩個問題：第一，這件事到底有多重要？第二，這是不是一場我可能會輸掉的戰爭？（例如：你不會強迫一個孩子道歉，但是你可以拒絕讓他吃一條巧克力。）記住，小心選擇你的戰爭！

祕訣61 選擇你的時機

在某些方面，你的孩子的行為是非常不隨和又根深柢固的，協助他做任何改變，都會是一個大挑戰。當你自覺非常堅強又能控制情況時，才去處理這類事情。要記在心裡的是，當處理非常根深柢固的行為時，在它變得比較好之前，常會變得更差，所以你可能必須堅持下去，好度過困難的時光。

祕訣62 具備幽默感

當然，嚴肅看待我們為人父母的工作是好的，但有時候適度的放鬆對我們會有幫助。我們的亞斯伯格孩子的許多古怪行為可能非常可笑，特別是在他們「坦誠相告」，但你並不想要聽的時候！記得要常常笑，同時不要把事情看得太過嚴肅。亞斯伯格孩子也需要學習大笑和玩得開心。

促進順從和動機

缺乏動機

當亞斯伯格孩子似乎對遵守或是做一件你要他做的事情毫無動機或興趣缺缺時，經常會令人非常氣憤。不過，不幸的是，這在亞斯伯格兒童身上是非常普遍的問題。

大部分的孩子都會由於與同儕競爭的渴望，或是為了取悅有權勢的人（或至少是站在他們這一邊），而自然產生動機。然而亞斯伯格兒童常對取悅其他人不是那麼的感興趣，而且對他們來說，產生競爭的想法是很難的（參見完美主義，祕訣148～154）。假如這樣「正常」的動機在亞斯伯格孩子身上非常缺乏，那麼，為人父母者就必須找出其他更有創意的方法來影響他們的行為。

祕訣錦囊

促進順從和動機

63. 確定他知道別人對他的期望是什麼
64. 訂定基本規則
65. 清楚地讓孩子明白後果
66. 提供選擇

增加動機

67. 有趣的挑戰
68. 星星圖
69. 笑臉☺和哭臉☹
70. 代幣制度

祕訣63 確定他知道別人對他的期望是什麼

當你給他指示的時候，要盡可能地清楚。提供他SMART的目標（參見祕訣6）。記得：他需要的指引和提醒，可能比你預期的更多。做你可以做的事，以確定他確實知道別人對他的期望是什麼。把它寫下來，如果需要的話，讓他複述一次，以便核對他了解多少。

祕訣64 訂定基本規則

訂定根本的基本規則。讓規則簡單、清楚又容易了解。把它們寫下來，並展示在布告欄上（參見附錄4）。

祕訣65 清楚地讓孩子明白後果

不論孩子選擇的後果是好是壞，一定要讓他非常清楚且給予前後一致的訊息。任何獎懲或「不喜歡的結果」都必須真實、公平且合乎比例。平靜地告訴他會有什麼後果，並且保持一致的態度，好讓他明白你的意思。同樣的，不要暗示或是留下任何疑問的空間。例如，非常清楚地表明：「如果你拒絕做功課，晚餐後就不能吃布丁。」也別忘了告訴他比較令人喜歡的結果，例如：「如果你做完功課，就可以有些時間看你的錄影帶，而且喝完茶後可以吃一點巧克力布丁。」

祕訣66 提供選擇

如果你隱約感覺到，因為孩子被要求做一件他不想做的事情，而與你產生了對立，試試以提供選擇而非下命令的方式，來化解它。舉例來說，你可以說：「你要不要過來，現在就做你的功課？還是你比較想要五分鐘後再過來？」當然，他可能氣沖沖地回答說：「兩個都不要，我就是不想做功課。」如果是這樣，不妨平靜地把情況說明得更清楚些，像是：「你一定要來寫功課。要不要寫功課，你沒辦法選擇。不過你可以決定什麼時候寫功課。」

如果他堅持的話，允許一點談判空間是個不壞的主意。這會讓他明白你已經將他的期待列入考慮。所以你可以稍微妥協，改為十分鐘，並用這樣的話鼓勵他：「好吧，那麼我預定十分鐘後回來找你，希望你記得要來。不過我相信你會努力說到做到。」接下來，設定一個定時器在同意的時間之後嗶嗶響，可能會有幫助。

以下是一些其他以「選擇」呈現的命令或要求的例子：

- 「你比較喜歡穿上你的藍夾克，還是紅夾克呢？」——而不是「穿上夾克。」
- 「你比較喜歡大碗的早餐穀片，還是小碗的？」——而不是「你一定要吃一點早餐穀片。」

增加動機

祕訣67 有趣的挑戰

讓工作看起來像是你不確定他是否能夠完成的挑戰，好讓它變得更有趣。例如：「我想知道，你在喝茶時間可以在桌子旁好好地坐多久？我知道，對你來說，要記得乖乖坐著是相當困難的事。」萬一他「無法完成」挑戰，千萬不要變得沮喪，但要是他做到了，一定要記得恭喜他，即使那只是個小小的成功。比如：「好棒喔，你在你的位子待了五分鐘。」

第二天晚上，你可以讓挑戰變得難一點：「記得你昨晚在桌子旁邊坐了五分鐘，我想知道，你能不能保持兩個晚上都一樣？」或是「我猜你可能會發覺今晚很難坐得更久一點？」

祕訣68 星星圖

一份普通的星星圖，就像你經常用來協助年幼孩子行為的那種，即使對較大的亞斯伯格兒童也有效。因為它們的視覺吸引力，星星圖可以用來幫助增加動機，而且很容易買得到或製作。

祕訣69 笑臉☺和哭臉☹

做一本笑臉☺和哭臉☹的筆記本，在一天當中，根據他的行為來頒給他笑臉或是哭臉。這能給他看得見的回饋，讓他了解他究竟做得如何。加總分數，然後用它作為獎賞或是請客的依據。確認他事先知道哪種行為會贏得笑臉，哪種行為會獲得哭臉。你應該讓他參與製作一份「笑臉行為」和「哭臉行為」的清單（參見附錄8）。

祕訣70 代幣制度

這個是個保證成功的方法，它直接採用應用行為分析（Applied Behavior Analysis, ABA）的原則。在設置這個方法時有許多工作要做，不過它有讓孩子行為變好的可能。如果你主要的問題是在順從和動機上，這會是相當有用的方法。

你可能會發現，你一定要將代幣制度施用在所有孩子身上，因為它是如此受歡迎。（參見附錄2和3，以獲取更多關於ＡＢＡ和代幣制度的資訊）

處理困難的時刻

這個單元提供一些處理困難狀況的建議，比如：尷尬的時刻、相持不下和爭執的時候（參見祕訣78～87，生氣和攻擊行為）。

祕訣錦囊

處理困難的時刻

71. 使用密碼或訊號
72. 編造一個簡單的遊戲
73. 不要落入圈套
74. 避免生氣時發出威脅
75. 使用「當……才」公式
76. 使用「R—O—S」技巧
77. 最後一那句話？

祕訣71 使用密碼或訊號

如果你們跟別人在一起，而你想要告訴孩子某件事，像是「小心，你的行為已經有點失控啦」，而不會造成困窘時，這個方法很有用。透過使用特殊的「密碼」，採取一種特別的方式來對孩子提出行為警告。密碼可以是例如：拉拉你的耳垂、在門或桌子上特殊的敲法，一句特別的話或是在肩膀上拍打，或是拿起一種特別的物品，比如有顏色的卡片（「紅色卡片」和「黃色卡片」對足球迷來說可能很有吸引力）。發出密碼很有趣，不過這需要在正確的時刻和場合進行，同時也要在困難時刻發生很久前就已設定好。

祕訣72 編造一個簡單的遊戲

當你和孩子之間開始出現相持不下的意志戰爭，而且你已經快要爆發時，有時候編造一個簡單的遊戲可以解除這種危機。可能的遊戲方式有很多種，而且你會直覺地知道哪一種最有可能吸引你的小孩。

這是一個我記得在我孩子身上用過的例子。首先，我確定他的注意力在我身上。然後我對房間裡的另一個人說了一些類似這樣的話：「肯尼斯似乎規矩很不好，而且不肯整理他在房間到處亂丟的玩具……我想知道，如果我閉上眼睛三十秒，會發生什麼事……讓我試試看。」

我記得他對這個遊戲相當好奇，而且在我眼睛閉上的時候，他快速四處大動作地收拾玩具。（對於他在我閉上眼睛時做得那麼好，我當然很「驚訝」和高興！）這種方法有時候可以提供孩子一種有趣又能挽回面子的讓步方式。

祕訣73 不要落入圈套

保持冷靜。有時候看起來孩子好像是故意引起一次對立。那就彷彿像是他需要藉由贏得一次對立，進而獲得一種優越感或是安全感。遵守以下兩個規則，生活對你會變得輕鬆。第一，大部分時候要避免對立。第二，只有在你確定自己會贏的時候，才進入對立狀況！

祕訣74 避免生氣時發出威脅

有時候，當你到達極限時，會不由自主地發出情緒化的威脅。我很確定我們全都不時會這樣做。我們會說出像這樣的瘋狂話語：「對！就是這樣！我受夠了！如果你再做一次，那麼這就是你最後一次可以去游泳！」大部分的孩子都知道我們不是真心這樣說的，而且只是因為生氣才這樣說。但是亞斯伯格小孩可能會全盤接受我們說的話。如果是這樣，那麼他很可能會假設，你要不是太過小心眼，就是你內心裡其實很討厭他，或是你的誠實並不是很可靠！（因為當然他還會再去游泳）

祕訣75 使用「當……才」的公式

當他超出界線時，保持你的聲調，並且使用「當……才」的公式。例如：使用下面的說法：「當你停止大叫，我才會回答你的問題。」很重要的是說「當」，而不是「如果」。有需要的話，就像壞掉的唱片那樣反覆不停地說，而且不要讓你自己捲入爭論中。

祕訣76 使用「R—O—S」技巧

當你碰上故意的違抗和挑戰時，這是一個有用的技巧。

- 首先是確認請求（request）：例如，「你可以停止在窗簾上搖擺嗎？」
- 然後將它變成命令（order）：比如說，「我已經好好地請求過你了，現在我是在命令你。」或甚至是，「這已經不是請求了，它是命令。」

- 最後提出一個適當的處罰（sanction）。

祕訣77 最後那句話？

在一場爭論或是一次意志戰爭爆發時，有時候亞斯伯格兒童會試著一直反覆對話，因為這樣他就能說出最後那句話。試著讓你自己不要捲進冗長的辯論之中，但如果有個議題是你認為重要的，那麼對你的立場要保持一致。

舉例來說，孩子「堅持」你一定要幫他鋪好床，而你「堅持」他一定要自己做。要接受你沒有強迫他鋪床的權力，而且最後可能床鋪整天沒有整理。但你的確擁有拿掉某種特權的權力，例如使用電腦的時間。千萬不要陷入冗長的辯論中。平靜而清楚地陳述期望和結果，並且要堅持。記得，重要的是說「持續」的話，而不是「最後」那句話。

第三章

常見問題

生氣和攻擊行為

注意力問題

就寢時間和睡眠

沮喪

飲食問題

寫字

功課監督

動作技巧和協調

完美主義

思考缺乏彈性

在學校的問題

感覺問題

特殊事件、社交場合和外出

說話和對話

生氣和攻擊行為

問題摘要

亞斯伯格兒童突然發怒時可能看起來像是：

- 極端
- 不成熟
- 不可預測
- 不理性
- 失控

而這可能會導致：

- 父母和老師發現他難以駕馭
- 他們最後會變得有挫敗感、疲憊和筋疲力竭
- 孩子變得愈來愈不受歡迎

亞斯伯格症的極端

亞斯伯格兒童對於日常生活中其他孩子視為理所當然的事情，經常會產生問題，這會造成他們的焦慮和沮喪。有時不可避免的，這些感覺會發洩出來而表現為狂怒或是攻擊行為。

然而，根據專家的說法，亞斯伯格兒童可能會是在兩個極端的其中一端——他要不是很容易生氣，要不然就是過於溫和。一個生氣的亞斯伯格孩子可能會爆發出一陣怒氣，但是怒氣背後看起來幾乎沒有任何激怒他的原因。另一個極端是，一個馴服的亞斯伯格孩子可能看起來像幾乎完全不會生氣，不論挑釁的原因是什麼。有時候，同一個孩子會在不同的時間或是情境下，表現出這兩種極端。

短期和長期策略

亞斯伯格兒童需要學習如何察覺和了解他自己和別人心中的憤怒，以及如何控制它。我們最不樂見的，就是他習慣把憤怒和攻擊行為當作處理問題的方式。我們很難承擔睜隻眼閉隻眼的後果。肢體暴力是一個特別嚴重的問題，同時也是危險的。

要處理失控的憤怒和攻擊行為，你真的需要有兩種策略。第一，你需要一個短期策略，幫助你在怒氣爆發時處理這個情況。第二，你需要一個長期策略，協助你慢慢訓練孩子，以期最後這樣的情況不再發生。這個單元的祕訣，是設計來幫你在怒氣爆發時處理這個情況的——甚至更棒的是，在它們發生之前加以預防，不論可能會在哪裡發生。

祕訣錦囊

生氣和攻擊行為

78. 在早期採取行動
79. 向他示範表達和控制怒氣的安全方式
80. 採取一些避免危機的步驟
81. 對於他能保持冷靜給予鼓勵
82. 「滑稽的咒罵語」

處理危機的點子（參見祕訣錦囊71～77，處理困難的時刻）

83. 危機計畫
84. 在憤怒剛形成時就加以處理
85. 保持平靜
86. 不要對威脅讓步
87. 讓他在一個沒有人的舞台上表演

祕訣78 在早期採取行動

盡可能在孩子比較小的時候處理包含生氣和攻擊行為的問題，有好幾個理由：

- 當他比你還小的時候，要處理他比較容易些。
- 這種行為持續得愈久，行為模式就變得愈確立，也就變得愈難打破。
- 孩子可能會變得將攻擊行為視為他表達自己，或是為所欲為的一種方式。
- 他可能會開始喜歡從這種行為獲得的控制感，因為它成為他真正需要的那種接納和安全感的替代品。

・如果他得到了壞名聲，那可能會變成一種「自我實踐」，並且在學校和其他地方造成問題。人們可能不喜歡與他為伍，結果他可能會被孤立和感到孤獨。如果這種情況持續到成人階段，有可能對他或是他周遭的人造成巨大的問題。

祕訣79 向他示範表達和控制怒氣的安全方式

找個良好的時機，也就是在他平靜下來時，跟他談談生氣這件事。向他再三保證，每個人偶爾都會感到憤怒，而且那樣是沒關係的。提醒他，問題不在於憤怒的「感覺」，而是一些憤怒的「行為」。跟他一起討論一些其他用來表達憤怒但不具破壞性的方法，同時製作一份「生氣時的可以和不可以」（參見附錄6）清單。然後，在你看見警告徵兆時，可以提醒他有哪些選擇。

祕訣80 採取一些避免危機的步驟

記住：預防勝於治療。要永遠避免危機是不可能的，不過你可以採取一些步驟來防患未然，以使它們不會太常失控。這些步驟很多都已在其他章節中列出來了，例如：

- 使用密碼或訊號（參見祕訣71）。
- 提供選擇（參見祕訣66）。
- 在憤怒剛形成時就加以處理（參見祕訣84）。
- 使用計時器或碼表（參見祕訣29）。
- 編造一個簡單的遊戲（參見祕訣72）。

祕訣81 對於他能保持冷靜給予鼓勵

將「保持你的冷靜」做為一個特定目標。當你看到，他處在一個你知道他會碰到困難的情境下，依然能保持冷靜，要告訴他並為此讚美他，即使那只是件小事。例如跟他說這樣的話：「我注意到，你在小弟弟干擾你玩樂高時，真的能保持冷靜。那時你一定很失望。不過你保持相當平靜的態度，做得很好。我真的以你為榮。那表現出很大的自制力。做得很棒！」

祕訣82 「滑稽的咒罵語」

如果孩子在使用咒罵的話，讓他想出一些自己創造的話來代替。那就不會像是攻擊。一個常見的例子，像是說「餛飩」而不是另一個也是「ㄏㄨㄣˊ」音開頭的字眼（混蛋）。讓這個咒罵的話變得愈古怪愈好。

試試看用類似「※@#×$%」這樣的字來開始。想出你自己的又長又有表達力的咒罵語，會很有趣——「滑稽的咒罵語」比較不會讓你惹上麻煩！

處理危機的點子

祕訣83 危機計畫

在危機當頭要處理它會是相當困難的。你要如何設法控制孩子的憤怒，以及可能是你自己的憤怒呢？不妨退後一步，看看你用來處理眼前危機情境的策略。如果你把它們寫下來，可能會有幫助。切實地評估它們。什麼是已經有效的？什麼是沒有效的？可能有什麼值得一試的新點子嗎？你是最有可能知道什麼方法會對你的孩子最可能有效的人。

由此發展出你自己的危機計畫，這會幫助你和孩子預知你將會採取什麼步驟，萬一「憤怒爆發」發生時。

試試你的危機計畫，並且監控它運作得如何。如果有需要，修改它，並在你進行時試試新的想法。

祕訣84 在憤怒剛形成時就加以處理

當你看見一個火爆的情況開始時，千萬不要讓它在你插手干涉前發展得過火而失控。

祕訣85 保持平靜

事情在加溫時，千萬不要火上加油。使用平靜、不帶情緒的語調。試著不要太過驚慌，或是在憤怒中語出威脅。

祕訣86 不要對威脅讓步

當孩子煩你或是變得有攻擊性、威脅性的時候，試著不要讓步，或是任由孩子使用自己的方式。給他一個印象：他不好的行為會讓他變得「比較不」可能為所欲為，而不是更加可能。例如說：「我了解知道你想要吃那些巧克力，而且現在就想吃。可是現在我不准你吃，而且我也不打算跟你討論這件事，因為你現在的表現。當你平靜下來，我們就可以談論晚點可不可以讓你吃點巧克力。」（注意：使用「當……就」公式）

祕訣87 讓他在一個沒有人的舞台上表演

如果孩子變得很暴力，考慮一下讓你自己和其他人離開房間，如果情況證明必須這樣的話。有時候把觀眾帶走有助於降低情況的熱度。

注意力問題

問題摘要

亞斯伯格兒童可能會在下列方面有問題：

- 專注
- 集中注意力
- 組織
- 保持／坐著不動

而這些可能會導致：

- 在從事一些需要他坐下來、坐著不動的事情上，他會出現問題，比如：坐在餐桌上用餐。
- 他似乎一直都在移動中，例如：到處爬來爬去，不管那是不是可以爬的地方。
- 他在學校的表現可能會受到影響。

亞斯伯格極端

在牽涉到像專注、集中注意力和專心等重要的技巧時，亞斯伯格兒童可能會是充滿矛盾的。有時候他會進入一種「過度專注」的情況；例如，對於他特別感興趣的事物或是活動，或是對他最喜歡的電腦遊戲，著迷地全神貫注好幾個小時。另一些時候，他卻似乎一點也不能集中精神或是注意力。在許多亞斯伯格症的特質中有很多極端，但幾乎沒有「快樂的中間值」。

評估問題

如果孩子有注意力的問題，首先必須了解那是什麼。根據問題的程度，你可能會懷疑孩子是否有注意力缺陷障礙（ADD, Attention Deficit Disorder）。

如果是這樣的話，一個合格的專家可以為你適當地評估孩子的狀況。無論如何，不管診斷是什麼，接受問題的真實性是很重要的。符合實際的態度會讓你用一種更好的態度來幫助他，同時也可以預防很多可能會出現的挫折。

更廣泛的涵義

注意力困難可能會對孩子造成很多問題，尤其是，如果他們的症狀還未被人認出和理解的時候。孩子的行為很容易就會受到誤解。他在學校可能會表現得不好，而且可能會被認為比他真正的程度更不聰明，或者像是懶惰和不合作。專注上的困難可能會造成下面的一些問題：

- 老師發現要讓他留在書桌前很困難。
- 他無法非常專心在工作上。
- 他的注意力四處亂跑。
- 他會做白日夢。
- 他可能會很健忘和粗心大意。

缺乏組織技巧的問題可能意味著：

- 他過於注重整齊，或者完全相反。不管是哪種情況，他一點都無法忍受別人干預他做事的方法。
- 如果他被要求去做某件事，他都會出自真心地去做，但後來卻忘記他應該要做的事。

心神不定可能表示：

・他非常不安，而且發現要保持靜止不動很困難。
・非常難讓他安靜地坐在一個地方，例如吃飯或是寫功課。
・比方說，他總是在家具上面爬上爬下。

處理問題

最終我們希望，亞斯伯格孩子在某種程度上可以達到自我控制的生活階段，也就是有秩序而不會干擾他人。要能做到這樣，關鍵策略是提供他所需的十分清楚的架構。這會幫助他了解自己的處境，以及別人對他的期望。

祕訣錦囊

注意力問題

88. 下指令要十分明確

89. 不要讓他負擔過重
90. 把事情寫下來和使用視覺教具
91. 給他一份一覽表或是記事本
幫助他專注在一份工作上的點子
92. 移除令人分心的東西
93. 使用「當……就」公式
94. 時間規畫
95. 工作進行卡

祕訣88 下指令要十分明確

確定孩子非常清楚了解你的期望是什麼，指令要簡短且直接（參見祕訣53，溝通清楚）。提供他SMART的目標（參見祕訣6）。

祕訣89 不要讓他負擔過重

不要用很多資訊或指令讓他負擔過重，而且不要一次給他太多事情做，因為他可能會發現進行起來很困難。舉例來說，不要給他一連串的任務，而是一次只給他一件事去做，或是將工作分成幾個不同的階段，然後在每一個階段都要讚美他和獎勵他（參見附錄9，一個如何將淋浴分成好幾個步驟的例子）。

祕訣90 把事情寫下來和使用視覺教具

一些視覺教具可以協助他組織自己的生活：

- 一份普通的日曆，讓他看看下週或是這個月的計畫是什麼。
- 一份時間表。這可以是單日時間表或是一週時間表。在一張紙上用尺畫出一天或是一週所需的部分，就可以輕鬆地自己製作時間表了。如果把它護貝，就可以反覆使用。
- 提醒單或是清單（參見祕訣30和31）。

祕訣91 給他一份一覽表或是記事本

即使他還很小，你也可以協助他使用自己的記事本。你可以很容易買到，因為有很多設計來吸引小朋友的記事本可供選擇。他可能會覺得使用這些備忘標籤、提醒單和每日計畫表等等東西很重要。如果他年紀比較大，或是對小玩意兒感興趣，甚至可能會喜歡電子記事本。使用類似這樣的器材，對於未來的生活會是很好的訓練，到時它們可能會證明其價值超乎想像。

幫助他專注在一份工作上的點子

祕訣92 移除令人分心的東西

為了幫助他專注在一個工作上，要把讓他分心的東西保持在最少的狀況下。這也許意指關掉電視和電話半個小時；也可能是指他正在工作的區域要淨空。如果他有一份工作要在桌上進行，得把桌子清乾淨，只有工作必需的東西除外。

祕訣93 使用「當……就」公式

讓他的注意力保持集中在一件工作上，使用「當……就」的公式。例如，「當你整理完玩具後，就可以看電視。」

祕訣94 時間規畫

如果要讓他定下來做一件特定的工作很困難，不妨把你想要他做的事情和有多久時間寫下來。必要的話，跟他協商一個時間。這可以非常簡單。例如：

- 寫功課：二十分鐘
- 然後
- 玩Playstation：三十分鐘

你可以設定一個計時器或是鬧鐘在彼此同意的時間響起。（如果他在二十分鐘前就已經寫好功課，就重新設定計時器！）

祕訣95 工作進行卡

如果他在執行一連串的工作上有困難，不妨做一張「工作進行卡」。這個構想是將工作設定得非常清楚，好讓他可以了解該做些什麼，以及它們如何進行的順序。這樣，等到它們被打了勾，他就明白它們已經完成了。例如：

✓上樓
✓脫掉衣服
✓穿上睡衣
✓把衣服放在一邊
✓下樓來吃晚餐

就寢時間和睡眠

問題摘要

- 孩子很難在晚上休息，而且睡得很差

這可能會導致：

- 第二天他很疲倦、容易發脾氣，而且比平常更難管教
- 其他家庭成員也變得很疲倦和容易發怒
- 在學校和工作上的表現不好

對家庭的影響

當孩子有夜間睡眠的問題時，對整個家庭來說都會很不好受，尤其是，如果他不待在自己的房間，而且就寢時間過後還一直需要別人注意的話。許多亞斯伯格兒童似乎都睡得不

好，我兒子也是其中之一。過了半夜許久之後發現他依然醒著，是很常有的事。（有時候我認為他需要的睡眠比我少！）

家庭中的成人如果在夜間得不到所需的睡眠，會變得筋疲力竭而疲憊。家裡的其他孩子也需要睡眠，而且一旦知道他們的亞斯伯格兄弟還醒著且拒絕睡覺的時候，他們會發現自己也很難安眠。他們可能會追隨他的榜樣，拒絕在床上好好躺著，因為他們覺得他獲准「逃避睡覺」這件事很不公平。結果第二天每個人都變得很疲倦又脾氣不好，且發現情況更難處理。在學校和工作上會表現不佳。接下來的晚上，父母可能會因為太累而無法採取任何步驟以改變情況，於是就產生了惡性循環。

當孩子睡不好的時候，做父母的一定會擔心。有時候我們會想說，一個晚上的熟睡是否就是用以改善他的情緒和行為所需的東西。我們了解孩子需要很多睡眠，也會覺得確定他們獲得足夠的睡眠是我們的工作。

處理問題

很可能，這個孩子真的不需要你所想的那麼多睡眠。無論如何，要「讓」孩子去睡是不可能的事。我們可以做得最好的，是創造他喜歡的情境，以促進他能獲得所需的睡眠。

祕訣錦囊

就寢時間和睡眠

96. 在白天降低焦慮
97. 建立就寢常規
98. 列出夜間常規
99. 確認他的房間不會太亮
100. 有一段「正向時間」
101. 使用夜晚鬧鐘
102. 製作一捲特製錄音帶
103. 使用薰衣草

祕訣 96 在白天降低焦慮

如果孩子整天都煩躁不安和焦慮的話，會讓他更難睡著。所以在某種程度上，我們可以早在夜晚來臨之前，就透過採取降低焦慮的步驟，來著手處理就寢時間和睡眠問題（關於降低焦慮的方法，參見祕訣24～34）。

祕訣 97 建立就寢常規

為了在就寢時間能有一個平靜、可以預測的常規，可能意味著建立某些讓他放心的儀式。想一想什麼事有助於他感覺安心和放鬆，那麼你就可以把它融入他的常規之中，例如：

- 他有沒有喜歡的睡衣、百衲被或是睡袋？
- 他喜歡喝一杯溫熱的牛奶嗎？
- 他是否比較喜歡摟抱著一樣或幾樣喜愛的玩具一起睡？
- 他喜歡有人幫他唸一個故事嗎？

・一首放鬆的音樂或是故事錄音帶可以幫助他安眠嗎？
・輕聲的聊一聊如何？

孩子會從可以預測的常規中獲得很大的安全感。所以盡可能維持常規是好的。例如，如果你通常會讀十分鐘故事給他聽，那麼就盡可能保持這樣。必要時可以使用計時器。

另一方面，事情不可能總是完全可以預測。意料之外的事情確實會出現。而且不管怎樣，鼓勵他變得太過依賴精確的時間，並不是個好主意。因此，盡量在可預測性和彈性之間取得平衡吧。

祕訣98 列出夜間常規

整理出一份切合實際又可以控制的夜間常規。確認孩子確實明白記事欄上列出的這份常規有些什麼期望。一個簡單的例子可能如下：

吉姆的夜間常規

晚餐：七點

洗澡和換上睡衣：七點三十分
說故事時間：七點四十五分
熄燈：八點十五分

祕訣99 確認他的房間不會太亮

除非怕黑，大部分的孩子在「熄燈」時間後，如果臥室是黑暗的，會睡得比較好。他們常發覺在比較明亮的夏日夜晚較難入睡。檢查窗簾或是百葉窗是否適當地把燈光阻擋在外。較厚重的窗簾或是不透光的百葉窗（或稱之為熄燈百葉窗），可能可以讓房間更有助於休息和睡眠。

祕訣100 有一段「正向時間」

有時候，在夜晚有一段「正向時間」供你們討論一天發生的事，是會令人放心又有趣的（參見祕訣21）。

祕訣101 使用夜晚鬧鐘

在他的房間裡設定「熄燈」時間的鬧鐘，鬧鐘會在每晚相同時間響起。這可能像是個有點奇怪的點子，不過它可以幫助你非常精確和不容爭辯地結束一天。

祕訣102 製作一捲特製錄音帶

為他讀一段故事或是唱一首歌，錄成一捲錄音帶。在你無法親自為他這樣做的任何夜晚，這捲帶子都可以派上用場。

祕訣103 使用薰衣草

薰衣草被認為是能使人鎮靜的香草。試著在他的房間裡擺放一些。可以放在薰香器裡燃燒，或是在他的枕頭下面放一個薰衣草薰香袋。

沮喪

問題摘要

假如孩子變得沮喪，這可能會影響他的：

- 食慾
- 睡眠
- 行為
- 談話和情緒

這可能會導致：

- 他的行為可能退化
- 他可能變得更為退縮
- 他可能變得更有攻擊性
- 他可能需要醫療協助

沮喪和亞斯伯格症

專家告訴我們，罹患亞斯伯格症的成人會有沮喪漸漸增強的危險，而且不難了解原因。一個主要的原因可能是社交問題。

不論他是否承認，亞斯伯格症的人還是會想要有朋友和感到被接納，但這個世界對他而言，確似乎是一個充滿挫敗、難以預測和令人困惑的地方。對任何兒童來說，學校是生活的大部分，但對於亞斯伯格兒童卻是一個「社交地雷區」。他就是無法知道如何被接納和如何「成功」。

對我們來說，了解沮喪的風險而不變得偏執，是很重要的。我們的基本目標，是要協助他滿足於他是誰，以及接受亞斯伯格症是他的一部分。

祕訣錦囊

沮喪

104. 保持警覺

105. 建立愛的基礎
106. 給他時間
107. 用同理心來聆聽
108. 協助他感到成功
109. 在他需要保護的場合保護他
110. 必要時尋求醫療協助

祕訣 104 保持警覺

要了解沮喪是亞斯伯格症患者的一個風險。因此，不必太過操心或偏執，而是要對沮喪開始時的徵兆和症狀保持警覺。如果孩子不快樂或是沮喪時，可能會以下列某種方式顯露出來：

・失眠
・焦慮
・有攻擊性
・悶悶不樂和壞脾氣
・安靜而退縮

祕訣105 建立愛的基礎

要保證沮喪完全不會發生，當然是不可能的，但我們至少可以建立一個基礎，讓情況變得對他盡可能的有利（參見第一章）。

祕訣106 給他時間

如果可以，你不妨花一些時間和他單獨在一起，做些平靜和放鬆的事情。帶他出去隨意地散散步，也許是沿著海邊或是大自然漫步。從事像是蒐集貝殼或彩色石頭之類的簡單的事。

祕訣107 用同理心來聆聽

當亞斯伯格孩子心情不好或是沮喪不已的時候，經常會失控，他的思考會變得僵化、不理性。身為父母，我們會發現自己很難冷眼旁觀，眼睜睜地看著它發生，因為我們很自然地會不喜歡看到他煩惱。我們感覺像是在為他進行「修復」，好讓他感到好過些。當他心情不好或是沮喪不已的時候，我們試著用來「修復」的方法是：

- 安慰他說事情並沒有那麼糟
- 為他的問題提供一個解決之道
- 試著讓他「看出意義」，並適當地處理事情

當然，這些想法有時候可能都是好的，但它們不一定有用，特別是在孩子似乎對某件事有異於尋常或是不理性的煩惱時。我們得接受，無論我們發現它有多麼難以理解，他看待它的方式就是他看待它的方式。他的煩惱情緒是相當真實的，而在「錯誤的」時間，也就是

說，他還在煩惱的時候，就試著要為他「修復」，可能會產生不良後果。如果你這樣做，他會覺得你不在乎他所擔心的事，而且你並不了解。這會讓他更加固執、更有敵意或是更退縮。

不過「修復」的錯誤時機，也可以是建立你們兩個人關係信任感的正確時機。因為有時候，當他在苦惱時，他對你需求最多的，並不是你幫他「修修補補」，而是你能用同理心來聆聽，對他表現出你站在他這邊的態度。

以一種感興趣、接納、非批判的方式，來聆聽他的抱怨。讓他暢所欲言。就只是同情地傾聽，並且站在他那邊，同時忍住不急著去「修復」。不要老是打斷他，但假如他似乎需要一個回答時，試著將你的評論侷限在一般的同情，如：「那樣實在太糟糕了」，或是「我很遺憾聽到你有這麼難過的時候」。

祕訣108 協助他感到成功

如果他正在經歷難過的時刻，在你能力所及之處盡量除去他的壓力。做計畫時，須評估那對他是否有可能是一次正面的經驗。不要讓他神經緊繃地去做那些他會發覺很難的事，因為那樣可能會降低他的自信心，並讓他覺得自己像個失敗者。

找些方法讓他有一些小小的成功經驗。暫時讓他把注意力集中在他擅長的地方，不論是玩電腦遊戲或是畫圖都可以。找機會對他的努力、成就和正面的貢獻鼓舞一番。

祕訣109 在他需要保護的場合保護他

各種情境都可能引發亞斯伯格兒童的焦慮，特別是社交情境。他需要我們保護他，但是不要過度保護，不過這是很難達到的平衡點。身為父母，有不少時候，我們必須了解他的寶貴之處，以及保護他避開超過他應付能力的焦慮情境。這可能表示，例如，在某些時候，我們必須判斷他是否需要離開學校一段時間（假如他在學校出現問題或是被欺侮的話，參見祕訣166～168）。

祕訣110 在必要時尋求醫療協助

如果你擔心孩子的情緒，或是懷疑他可能變成精神疾病上的沮喪，必須尋求醫療協助。

飲食問題

問題摘要

許多亞斯伯格兒童在某種程度上會對他們的飲食過分挑食（厭食）或是過度沉迷（貪食）。例如，典型的亞斯伯格兒童可能會：

- 對於他想吃喝的東西過分挑食或過度沉迷
- 吃的食物種類非常少
- 吃的分量通常相當少
- 吃的分量非常多

而這可能會導致：

- 他的健康和體型受到影響
- 父母會因此焦慮和苦惱
- 其他人會認為他被寵壞了

了解問題

許多兒童吃得不好，但是在亞斯伯格兒童身上，問題會比一般孩子的挑食更加極端。這是一個相當令人擔憂和挫敗的問題，同時也很難治療，因為要讓孩子明智地飲食當然是不可能的。

食物對生活是很重要，對大部分人也是很大的樂趣來源，因此要了解這個問題很難。一些主要的原因有可能包括：

- 焦慮，因為一種極度的厭惡感惡化而成
- 感覺問題
- 控制問題

焦慮和厭惡

我兒子有極端的飲食問題，而且他覺得人們並不了解吃東西對他而言有多麼難。然而他發現要解釋原因非常困難。他最討厭的事就是嘗試某樣新的或是不熟悉的東西。有時候，當我看著他嘗試這樣做時，他臉上的表情看起來就像是極度的厭惡混雜著恐懼或焦慮。

或許要了解亞斯伯格兒童如何感覺「挑剔」的最好方法，是想一想我們覺得非常噁心的東西，並且想像要是有人強迫我們去吃，我們的感覺會是怎樣。

感覺問題

吃的問題是由感覺問題所累積出來的。孩子可能厭惡某種味道、顏色或是口感。可能也會有對某些食物過分迷戀的情況。品客洋芋片（Pringles crisps）是相當普遍受到喜愛的東西，大概是因為它們的一致性、可預測的形狀和口感，以及它們特殊的味道。

控制問題

另一個會在無形中導致飲食管理問題的因素，是控制的問題。心理學家告訴我們，食物是小孩在生命中最早可以經驗到控制的領域之一。他在很早期的時候就發現，他有權力接受或拒絕食物。如果他喜歡這種權力感，他就會將拒絕食物視為一種他渴望擁有的控制方式，甚至他可以凌駕生活中的大人之上！此外，當然，在我們太過強調食物問題的時候，這種情況也很可能會發生。

為人父母者可能會覺得

進食問題會是相當令人憂心的問題，而且對媽媽來說，處理起來更加困難。餵食小孩是媽媽本性的一部分，當孩子拒絕進食，會令她感到無力、不勝任和被拒絕。經常性的摩擦和挫敗會讓她很難想辦法用充滿愛心和有效的方式來解決這個問題。

此外，帶著亞斯伯格孩子外出用餐可能會非常難受，不僅僅是因為他吃東西的怪癖，也因為他社交和行為上的問題。當別人看到他進餐時的習慣和行為時，你可能會從人們臉上看到不以為然的表情，因為他們會想說是你寵壞或放任他的緣故。那會是相當令人困窘的經驗。（發生這種情況時，記得祕訣11：關心的人不在意，在意的人不關心！）

祕訣錦囊

飲食問題

對厭食者

111. 為他做簡單的食物

112. 小分量
113. 餐後的獎勵
114. 濃湯
115. 給他營養補充劑
對吃得過多的人
116. 有規畫的食物分配
有助於兩種問題的點子
117. 運動
118. 規律的用餐時間
119. 去除壓力
120. 堅持不懈
121. 讓他參與準備食物
122. 食物進步清單

對厭食者

祕訣111 為他做簡單的食物

當你在準備食物上遇到許多麻煩，孩子又拒絕吃的時候，心情要能不受影響且不對他生氣，是很難的。而對他生氣經常一點好處也沒有。

如果你給他簡單而不用太費力氣去準備的食物，這樣會去除其中的許多壓力（香蕉和牛奶就是一些原始的「速食」）。

祕訣112 小分量

在你試著要介紹一些新的食物時，先給小的分量，然後慢慢增加。即使他只嘗試一點點，也要給他獎勵。

祕訣113 餐後的獎勵

以食物作為獎勵

請他吃一種你知道他會喜歡的食物，作為對他吃完一餐的獎勵。同時要告訴他這件事好讓他盼望，並準備好這樣東西，讓他可以看見。使用「當……就」公式，例如：「當你吃完魚排，你就可以吃蛋糕。」

以有趣的活動作為獎勵

就在他餐後安排他喜歡的活動：「當你吃完飯，你就可以玩你的新積木。」

祕訣114 濃湯

濃湯是隱藏蔬菜和其他營養成分的好東西，而且可以協助改善討厭「咬」的孩子的問題。如果找到他喜歡的濃湯味道，就可以將額外的營養品偷偷放進去，全部一起煮成液體！

祕訣115 給他營養補充劑

如果你擔憂他是否攝取了足夠的營養，給他一些營養補充劑可能是值得的。醫生或養養師會建議他所缺乏的營養是什麼。營養補充劑有各種不同的形式，如果孩子不願意吞丸狀的，你可以試試例如：糖球、膠囊、藥劑或是水果口味的糖漿。

對吃得過多的人

祕訣116 有規畫的食物分配

列出一張他正在吃的食物清單，將它們分成不同的食物群（水果蔬菜類、蛋白質等），好讓你和他可以看看他的飲食哪裡缺乏均衡。找出哪種食物群是他吃得過多的，將這個食物群列為「定量」群。比方說，如果他吃太多蛋糕和巧克力條，把這些東西設定一個嚴格的日常進食分量，而且是在一天之內可以定量給予的。把每天的配量寫在布告欄上，讓他每天畫掉它，表示他已經吃完當天的配給量。

對兩種問題都有幫助的點子

祕訣 117 運動

運動有助於平衡過度飲食或是飲食不足，同時也可以作為食物以外的消遣。試著鼓勵孩子大量運動，兩餐之間不要給太多零食和飲料。這會促進孩子發展出健康的食慾。

祕訣 118 規律的用餐時間

用餐時間盡可能地規律，讓孩子可以有一個清楚而熟悉的常規。試著鼓勵他坐到桌邊，即使只是用餐時間的一小段時間，或是他只吃一點而已。規律的用餐時間也可以減少零食，如果孩子知道下一餐是在什麼時候的話。

祕訣119 去除壓力

理想上，用餐時間應該是放鬆的、享受的場合，而不是戰場！試著讓食物盡量不要成為爭議點以避免戰爭。這是很難辦到的事，不過，即使你處於焦慮和苦惱的時候，也盡量不要表現出來。

祕訣120 堅持到底

你無法強迫他吃，不過你可以持續給他你想要他吃的食物。例如，如果你希望他在喝茶時間吃一點麵包，就持續不斷地每天傍晚在他的餐點旁放一些麵包。（最後有天傍晚他可能會嚐嚐看！）

祕訣121 讓他參與準備食物

偶爾讓他幫忙從食譜上挑選健康、美味的餐點，或是烘焙某樣點心。讓這件事情實際可行，野心不要太大。準備一張購物清單，然後你們一起去買材料。接下來，透過讓他參與一些他會喜歡的過程，如攪拌、打鮮奶油或是灑巧克力糖粒，讓他感覺到參與了烹調過程。

祕訣122 食物進步清單

在布告欄上保留一張所有他會吃的食物清單，並且在他嘗試新的食物時，把它們加上去。有任何健康的新食物增加時，給他讚美或是獎勵。

祕訣123 餐點規畫

讓他事先選擇，以避免因為他每一餐要吃或不要吃什麼而引發的、沒完沒了和令人挫敗的口角。在每週開始的時候就製作一份餐點清單，然後把它貼在布告欄上。

祕訣124 尋求專家協助

如果你真的需要尋求醫療協助，要保留一份典型的每週飲食紀錄，並在約定的就診時間帶去。包括所有的食物、飲料，以及它們的分量。醫生可能會把你轉介給一位營養師，營養師會告訴你不足的地方在哪裡，並給你建議。

寫字

問題摘要

典型的亞斯伯格兒童會表現出來的問題是：

- 寫得不好看
- 不願意、甚至拒絕寫字

這可能導致：

- 他在學校有問題
- 他的自信心受損
- 他發展出一種負面的固著態度
- 他愈來愈不願意嘗試改進他的技巧
- 缺乏努力和練習意味著未來缺乏進步
- 隨著時間過去，他和同儕之間的技巧差距會變大，因而造成惡性循環

「我討厭寫字」

許多亞斯伯格兒童似乎都討厭寫字，而且會盡其所能來避免這件事。這會發展成一場大戰，同時導致許多令人擔心的挫折感。對父母來說，捲進這個問題算不算明智，很難清楚。有一些父母可能會比較喜歡讓這場戰爭留在學校，而不願意在家裡讓它持續，因為他們不想

要冒著引起孩子反感的風險。無論如何，總是有很多其他重要的事讓他們忙個不停！

另一方面，要完全避免捲入這件事是很難的，特別是在有家庭作業，或是在寫字問題很明顯地影響他的整體自信心的時候（參見肌肉動作技巧和協調，祕訣141～147）。

為什麼他們討厭寫字？

有幾個主要原因，可能會造成或是引起孩子寫字的問題：

- 肌肉動作問題
- 缺乏彈性的態度
- 注意力和專注力問題
- 完美主義

肌肉動作問題

相較於大多數兒童，寫字對亞斯伯格孩子是比較困難的任務。孩子可能有關節鬆弛或是精細肌肉動作方面等的身體問題，這些可能需要專家評估和介入（見祕訣141～147）。

缺乏彈性的態度

亞斯伯格孩子可能會相當容易拖延，如果他早期對於書寫的努力受到挫折或是羞辱的話。他可能會做出一個重大的決定，就是他「討厭」寫字。因為他的亞斯伯格症，他可能會因為一種極端的僵化態度而執著於這個想法。一旦他發展出負面的態度，要讓他改變就會變得很困難（見祕訣155～158）。

注意力和專注力問題

要專注在某件你絕對討厭做的事情上，是很困難的（見祕訣88～95）。

完美主義

亞斯伯格兒童討厭受到批評，因此從他的觀點來看，如果他並不覺得自己擅長寫字，那麼避免寫字就很有理由。他可能在早先努力的過程中非常失望，因為他寫的字看起來顫抖又不穩。有一個亞斯伯格小女孩在開始學習寫字的時候，變得非常沮喪，因為她希望自己寫的字看起來要完全像老師寫的那樣。

此外，用寫字來表達自己的想法，可能對亞斯伯格孩子也很令人反感。寫字讓他容易面對失敗和吹毛求疵的感覺，不只是因為他寫的字的樣子，還有他可能會透過書寫使自己暴露出來（見祕訣148～154）。

處理問題

改善任何技巧的唯一方法就是練習。但是你要怎樣讓一個不情願的小孩對他抱持負面態度又無法明白其重要性的活動，願意合作呢？問題是，如果你一直催促他，結果你可能只會讓他更加反感而已。關鍵在找出增加他動機的方法。

祕訣錦囊

寫字

125. 少量多次的練習
126. 找出一個目的

127. 使用有吸引力的書寫材料
128. 示範緩慢而細心的書寫
129. 「動作快的棕色狐狸」
130. 空白頁面和兩倍的空間
131. 需要時尋求專家協助

鼓勵寫字的活動和遊戲

132. 比賽
133. 謎題書
134. 紙張和鉛筆的遊戲
135. 「啞巴會議」
136. 找寶藏

祕訣125 少量多次的練習

冗長而費力的寫字時間可能會讓他起反感。要有彈性，寧可每段時間是比較頻繁、比較短的。在他還沒太過疲倦前，就要停止表現良好的練習時段，並且對他已完成的部分加以讚美。長期來講，積極正面而有趣的五分鐘練習，要比十五分鐘的戰爭來得好。

祕訣126 找出一個目的

如果有一個讓他感興趣的目的，或許可以協助他克服他的不情願，例如：

- 製做一張門牌（如：「非請勿近，麥可的房間」）
- 寫一份關於他的興趣（如：蝴蝶的種類）的清單
- 寫像生日卡之類的賀卡
- 開始寫日記
- 寫信（如：寫給筆友或是親戚）

祕訣127 使用有吸引力的書寫材料

例如，如果他不喜歡鉛筆，試試蠟筆或是簽字筆。不過小心不要給他太多選擇，因為結果反而可能會讓他分心。

祕訣128 示範緩慢而細心的書寫

讓他看見你用一種不費力或是不夠細心的方式，匆忙寫完你的東西，這對他是沒有益處的。即使你只是要在一張支票上簽名，都要讓他看見你有花點時間去處理。如果他看見你以自己的書寫自豪，對他來說會是個好榜樣。

祕訣129 「動作快的棕色狐狸」

「動作快的棕色狐狸跳過懶惰的狗」（The quick brown fox jumped over the lazy dog.），這句話裡用上了二十六個英文字母的每一個，可以作為練習或是寫字比賽的基礎。

祕訣130 空白頁面和兩倍的空間

如果孩子的功課中有長的文章比如故事要寫的話，他可能會覺得在間隔的頁面和間隔的字行上書寫，比較簡單。這會讓他後面要做他不喜歡的訂正和增加文章內容比較容易。

祕訣131 需要時尋求專家協助

如果你懷疑孩子有任何肢體上的問題，比如不佳的手眼協調或是鬆弛的關節，須尋求專家的協助。職業治療師可以進行評估，然後提供建議和推薦。

鼓勵寫字的活動和遊戲

祕訣132 比賽

例如：可以把ㄅ寫得多漂亮？我可以在三十秒內，寫出多少個漂亮又大小剛好的ㄇ。

祕訣133 謎題書

有很多很棒的兒童猜謎書，其中包括了他可能會喜歡的鉛筆和紙上遊戲，例如：

- 虛線拼圖
- 迷宮
- 著色畫
- 找字詞
- 縱橫字謎

如果你可以找到一本是孩子特殊興趣或是喜愛的卡通人物的謎題書，可能會非常有用。即使他不是真正在寫字，至少他很喜歡的話，它們或許可以幫助他克服不願使用鉛筆或是原子筆的問題。

準備可重複使用的注音符號連連看、孩子的名字或是任何你想要他練習的文字，並加以護貝，也是很容易的。當孩子有進步的時候，點和點之間的距離就可以描得更近一點。

祕訣135 紙張和鉛筆的遊戲

玩一些有趣的遊戲，像是「吊人猜字遊戲」（*譯註1）、「海戰棋」（*譯註2）、「九宮格圈叉遊戲」等。

祕訣135 「啞巴會議」

玩一個有趣的「啞巴會議」遊戲，每個人都可以在筆記本上互相寫訊息給彼此，但是不可以說話。

*譯註1：吊人猜字遊戲，也譯為吊死鬼遊戲，是一種英文拼字遊戲，猜的人要在出題目的人把大頭人畫出來吊死前猜出提示的字。

*譯註2：海戰棋是一種紙上遊戲，兩位玩家在海面的座標板上先各自設置好自己擁有的航空母艦、戰艦、驅逐艦、潛水艦、巡邏艇，然後猜猜敵艦在哪個區域，猜中位置後還得猜測敵艦的方向與船艦大小，只要逐一鎖定座標並發動射擊，擊沉五艘軍艦，就成為贏家。

祕訣136 找寶藏

藏寶的人把一個小「寶藏」藏起來，留下一系列文字線索，幫助尋寶的人找到寶藏。每一個線索要不是一個「任務」，就是提示下一個線索的方向，直到找到獎品為止。可以組成隊伍玩，也可以個人來玩。玩家輪流當「藏寶人」，不過他們可能需要一個成人在他們的隊伍裡。

督促寫功課

問題摘要

不管你是自己在家教孩子，或者只是試著要讓他做功課，問題似乎都是一樣的。要讓亞斯伯格兒童合作，會是一件非常艱鉅的工作！

這可能會導致：

- 在家裡的挫折
- 在學校裡的問題
- 他的學業表現和學業進展不佳

處理問題

要協助孩子處理做功課的問題，需要採取的主要策略，是提供他在以下各方面所需要的協助：

- 寫字的問題（見祕訣125～136）
- 注意力和組織問題（見祕訣88～95）
- 提供他所需要的架構

祕訣錦囊

督促寫功課

提供架構

137. 準備
138. 主導
139. 提供一個有架構的背景
140. 使用「當……就」的公式

準備

祕訣137 準備

準備一份簡單的功課計畫表。把每一樣你需要的東西事先安排好，包括碼錶和計時器，如果有必要的話。例如：

功課計畫表：

・閱讀：第3～6頁

・數學問題5

・數學問題6

・數學問題7

祕訣138 主導

態度要友善但是堅定，確定他知道是由你在主導。

祕訣139 提供一個有架構的背景

讓孩子在沒有干擾的環境裡寫功課，避開會令人分心的事物像是書籍、玩具或是電視。讓他看一看功課計畫表，並且在大約幾分鐘前告訴他，幾分鐘之後要開始做功課。功課做完時，讓他把表上的項目畫掉，或是由你來把它們畫掉。

祕訣140 使用「當……就」的公式

如果他似乎不想這樣做，或是顯得意興闌珊，那麼不妨試試「當……就」的公式，例如：「當你做完了這份功課，就可以吃晚餐了。」

動作技巧和協調

問題摘要

孩子可能會因為下列某種程度的問題而受苦：

- 精細動作技巧——（他可能不夠靈敏）
- 大肌肉動作技巧——（他可能有一點笨拙）

這可能會使得很多重要的兒童技能很費力，譬如：

・使用刀叉　　　　　　　・綁鞋帶
・寫字　　　　　　　　　・運動
・球類運動　　　　　　　・跳繩
・騎腳踏車　　　　　　　・根據節奏拍手
・跳舞

看出問題所在

有時候，大肌肉和精細動作技巧可以在很早期就看出問題所在。否則，這些問題要到孩子上學以後才變得明顯。它們可能會造成笨拙的情況，也會讓他很難精通一些重要的兒童技能。如果沒有正確的協助，類似這樣的問題可能會影響他生活的很多方面，尤其是在學校，也會使他的自尊心受損。

從比較正面的角度來看，父母應該要記住：隨著時間，肌肉動作的問題就會變得比較不是問題了。大部分的兒童技能會在他們長大以後改善，至少會是緩慢地改進。而且有很多在童年時期很重要的技能，當他長得比較大後就沒那麼重要了。比如說，成人以後，他就再也不需要去應付必修的球類運動了（參見寫字的單元，祕訣125～136）。

祕訣錦囊

動作技巧和協調

141. 培養他的長處
142. 讓它變得有趣
143. 讓它成為挑戰
144. 需要時尋求專家協助

遊戲和活動

145. 丟沙包遊戲
146. 阻礙路線
147. 十字繡

祕訣141 培養他的長處

找出他擅長的是什麼，並加以培養。剛開始的時候，至少找出一樣他已經做得不錯的事情來練習，並且繼續加強。例如：如果他很擅長在你把球彈過去給他以後接到球，不妨用這來創造一個遊戲。透過把焦點放在他已經做得很好也很喜歡的事情上，來建立他的自信心。

祕訣142 讓它變得有趣

我們可以提供的最佳協助方式，或許就是透過練習和鼓勵來幫忙孩子。找機會在一個安全的地方，也就是孩子不會覺得不好意思的地方，讓他練習一下像是球類運動的技巧。例如，在房子裡或是花園裡玩，而不是到公園去。而且不要讓練習像是上課——它們應該就像是在玩遊戲或是好玩的事。

祕訣143 讓它成為挑戰

設定一個挑戰，讓他產生練習的動機。比方說，當我把球丟給你的時候，你可以連續多少次接住球呢？當你把球丟給我的時候，我可以連續多少次接住球呢？

祕訣144 需要時尋求專家協助

像是職業治療師之類的專家也許能夠幫忙，他們會就孩子的特殊問題建議有用的運動項目和活動。

遊戲和活動

祕訣145 丟沙包遊戲

沙包很好玩，同時也是個很棒的建立信心的遊戲，因為它比球要更容易接住。沙包遊戲對於促進協調性很有幫助。

用一個非常簡單的丟和接住遊戲開始：例如，玩遊戲的人站成一個圓圈，一個人叫出另一個人的名字，然後把沙包丟給他接住。用非常簡單的丟法開始。等到他很有信心，也有很多次基本練習後，接下來就開始一些稍微有點「花招」的玩法。玩沙包時可以有無窮變化的花招。讓孩子幫忙「發明」一些花招，如果他喜歡的話，甚至可以幫它們取一些很酷的名稱。以下是一些展開遊戲的點子：

- 挑戰彼此，把沙包往上丟，然後在一定的次數內連續接住它。（祕訣：如果你沒有丟得太高的話，會容易許多！）
- 把沙包往上丟，然後在接住沙包以前跳起來。
- 把沙包往上丟，然後在接住沙包以前拍拍手。
- 把沙包往上丟，抬起一條腿，在接住沙包以前，在抬起來的腿下面拍你的手。

祕訣 146 阻礙路線

只要你不介意房子亂七八糟，甚至可以利用凳子、靠墊等等，在屋子裡設置障礙路線。

而且要設定一個包含一些有趣的肢體挑戰的路線。比方說：

- 頭上放一個沙包，不要讓它掉下來，慢慢的橫越房間。
- 頭上放一個沙包，不要讓它掉下來，爬上樓梯的頂端，然後再下來。
- 三級跳躍。
- 穿越大廳，但在前進時要爬過每一把椅子。
- 做五次仰臥起坐等等。

祕訣147 十字繡

有一些孩子，男孩女孩都有，覺得十字繡很有趣。十字繡中有一種精確度和必然性，使得它非常具有療效。十字繡對於專注力和精細肌肉動作很有益處，而且會相當令人滿意和有成就感——特別是當你展示或是把完成品裝框的時候。有一些非常有吸引力又容易的圖樣，是根據受歡迎的兒童主題所設計的。

完美主義

問題摘要

亞斯伯格兒童經常會對他自己有不切實際的高標準（有時候對別人也是一樣）。

這可能會導致：

- 他無法應付犯錯的情況。
- 他是個「輸不起的人」，當他輸掉一場比賽時，他會變得生氣又痛苦不堪。
- 他拒絕繼續某項活動，除非他相信他會獲勝或是優於別人。
- 他甚至可能會拒絕新的活動或是一些事，因為他害怕被看做是個失敗者。

更廣泛的涵義

帶著完美主義者的態度走過一生的孩子，會碰到的一個問題是，他會讓自己的生活過得非常辛苦。如果他有任何一點想要達到自己的高標準，就得非常嚴格地鞭策自己。

從正面來看，擁有高標準可能意味著他會創造出一些高品質的作品，而這有助於他未來的職業生涯。但完美主義者的一個危險是，他可能永遠達不到自己的高標準，而且最後可能會一輩子都要面對失望。

另一個問題是，他會讓自己變得很不受歡迎。人們常會發現，要應付一個輸不起的人或是酸溜溜的輸家，是很困難的——他看起來就像是不成熟或是被寵壞了。當然，輸的時候我們都會感到失望，至少某種程度是這樣。這是一種相當正常的感覺。但我們通常在很小的時候就開始學習如何處理這件事。我們學習到輸是生活的一部分——沒有人是完美的——而且我們無法一直贏。當我們了解到這點候，就會幫助我們接受失敗，在我們輸掉或是失敗的時候更能跨越它。但是，相同的情況會讓亞斯伯格兒童極端的沮喪，並導致他生氣的反應。

理解問題

問題的根源似乎是在三個方面：

- 不切實際的期望
- 對接納的渴望
- 對可預測性的渴望

不切實際的期望

亞斯伯格兒童的期望往往都是完全不切實際的。在他內心深處的某個地方，他真心期望可以永遠「做對」。於是當他的預測顯然並不正確時，他開始把自己看成是一個失敗者。負面的自我認知可能會導致缺乏自信心和動機。如果變得非常極端，他會變得相當無力，於是就可能決定放棄。最後他可能甚至會拒絕參與任何活動，要是他不覺得能完全確定會有一個他喜歡和可以預測的結果。

對接納的渴望

沒有人喜歡感覺到比別人差或是能力不足，因此當亞斯伯格兒童採取完美主義者的態度時，其他人會相當反感。因為這會給人一種他極力想要比別人顯得優越的印象。孩子渴望一種優越感，當然有可能是真的，但若真是這樣，了解這只是一種他真正需要的接納感和安心感的代替品，是非常重要的；他自己甚至完全沒有意識到這點。

對可預測性的渴望

有時候，為了感到被接納和安心，亞斯伯格兒童需要可預測性。而一件事情的極端狀況是可以預測的，同時這也常意味著他想要當最好的或是第一名。不過很顯然的，最後一名也可以是很突出的位置。我兒子以前有一種每天要最後一個離開教室的固執——不是第一個，而是最後一個！除非他可以做最後一個離開教室的人，要不然他可能會變得非常焦慮不安。你可以想像，這件事給我帶來很多困窘不已的時刻。直到最近，我才逐漸明白為什麼對他來說「當最後一個」有那麼重要。因為這是他覺得在無法預測和令人困惑的學校世界中，極少數他或許可以預測和控制的事情。

漠不關心、完美主義和害怕失敗

有時候，亞斯伯格兒童似乎像是在漠不關心和完美主義的兩個極端之間反覆不已。某一天的一個活動中，這孩子完全無動於衷，但在另一天的另一項活動中，同一個孩子卻格外熱切又充滿熱情，這種情況會非常令人困惑。不過，在某些方面並不是這麼難以理解，因為亞斯伯格兒童在某方面跟世界上的每一個小孩完全一樣——他害怕失敗，也討厭受到羞辱。但是對於亞斯伯格兒童而言，這種情況更不好受。他會持續因為「做錯了」的挫折感和羞辱而難過。此外，因為他自己設定的不切實際的標準，事實上也會讓他陷在失敗與失望之中。

無論如何，雖然他害怕失敗，他還是可能不會承認這一點。相反的，他可能會為了避免失敗的可能性，在他沒有信心的任何領域都完全退出。他可能會說他沒有興趣、他「不喜歡」，或只是固執地拒絕參與。

所以，在某種程度上，漠不關心可以被看成是完美主義的另一面。他的想法是這樣的：如果你不能應付比完美差的情況，那麼，有時候甚至連去嘗試一下都不要想，會更容易一點。

處理問題

我們必須鼓勵孩子為他自己設定新的、更切合實際的目標。他需要去學習的新標準是，

祕訣錦囊

完美主義

148. 教導他對錯誤「聰明的思考」
149. 對努力而非成果加以鼓勵和讚美
150. 幫助他成為一個輸得起的人
151. 做犯錯的榜樣
152. 建立「認錯時間」
153. 創造一些「家庭格言」
154. 促進健康的自尊

努力做到他「個人的最好」，然後就讓它過去。要教會他這件事，我們必須挑戰他思考的方式，並且慢慢教導他更符合實際的成功定義。

祕訣148 教導他對錯誤「聰明的思考」

「聰明的思考」包含了一些完美的邏輯想法，不過它們可能不會發生在亞斯伯格兒童身上，除非你特別教導他這些。當他正在為某個「錯誤」懊惱不已時，他可能無法接受它們。所以等他放鬆和可以接受的時候，再逐漸教他一些對錯誤這個主題的「聰明思考」。例如：

- 每個人都有不同的長處和缺點，這是沒有關係的。
- 每個人有時候都會犯錯，歷史上從來沒有一個人每一次都「做對了」！
- 承認自己的弱點和失敗是成熟的態度。
- 每一次錯誤都是一個學習機會，可以學到下次怎樣把某件事情做得不一樣或更好。
- 發明家是「耐心」的一個好例子，聰明的人知道要如何從他們的錯誤中學習。比方說，愛迪生在發明電燈泡以前，花了好幾年的時間「做錯事情」。他試過好幾百種材質，試著發現他正在找的東西。有一次，某個人問他，他難道不會因為失敗過這麼多次而灰心嗎？他回答說，他所有的努力都不是失敗，因為每一次都教了他某樣東西。他現在已經知道好幾百種材質都絕對不適合！最後他試了鎢絲，發現了他一直在找的東西。因為他對他的「錯誤」的「聰明思考」態度，電燈泡就這樣發明出來了。

• 讓他閱讀《有用的錯誤》（*Mistakes that Worked*, Jones 1994），以更了解你正在教導他的事情。

祕訣149 對努力而非成果加以鼓勵和讚美

讓他了解每一個人都有不同的能力和技巧。有些人覺得某件事情很容易，但另外一些人並不這樣想。最值得讚美的並非總是結果，而是一個人所投入的心血。

找出一些這樣的例子，以及在日常生活中增強它的方式。例如，如果他寫了一行非常醜的字，當你告訴他字寫得整齊又漂亮，他可能不會相信。試著像這樣說說看：「我喜歡你做的，我看得出來你已經很投入，而且注入了很多心血，因為這樣，我很以你為傲。記住——重要的是努力。做得好！」

同樣地，如果有某件事他覺得非常容易，但是別人覺得困難，鼓勵他欣賞別人的努力。

比方說，如果妹妹在電腦方面有問題，告訴他那是某件她覺得困難的事情，就像他覺得寫字很難一樣。重要的是努力，對別人來說也是如此。

祕訣150 幫助他成為一個輸得起的人

他可能需要特別又耐心地用言語教導其他小孩憑直覺便能逐漸學會的基本原則，譬如：

- 每一個人都喜歡成為贏家。
- 沒有人喜歡成為輸家。
- 不是每一個人都能一直贏，而且沒有人可以一直贏。
- 輸的人通常會感到失望。
- 一個輸不起的人在他輸掉的時候會大驚小怪（會跺腳、發脾氣或其他類似的事）。
- 一個輸不起的人在他贏的時候會「洋洋得意」（會說輸的人笨蛋或其他之類的話）。
- 一個輸得起的人，當他輸的時候會恭喜贏的人，並且說類似下面的話：「做得好，強尼」，並且去跟贏的人握手，雖然他很失望。
- 一個輸得起的人，當他贏的時候，他會安慰輸的人，並且說類似下面的話：「打得好」，或是「比賽成績很接近」，或是「下一次運氣會好一點」。

在正確的時機，比如他在比賽時，提醒他（適合的話，其他孩子也一起提醒）你之前告訴過他的話，而且你正在注意看他是不是記得表現得像個「輸得起的人」，不管是誰贏了。他們在事情正火熱的時刻可能會忘記，不過當他們確實記得的時候，要鼓勵和恭喜他們。

祕訣151 做犯錯的榜樣

讓他看見你承認犯錯，並且從其中學習。它們並不一定是重要或主要的錯誤。即使是你忘記去寄一封信，或是你把土司烤焦了都可以；把注意力轉移到這件事情上，然後說類似下面的話：「喔，好酷的錯誤。」

祕訣152 建立「認錯時間」

孩子需要學習用一種健康的方式思考和討論錯誤，以及接受錯誤是生活中的一部分。讓全家人都參與這件事會很有趣，因為在家裡亞斯伯格兒童不會是唯一一個對錯誤態度不成熟的人。

在「認錯時間」中，每個人都要描述一些過去他們犯過的錯，或是看見其他人犯過的錯。他們也要承認犯錯時候的感覺如何，以及從那個錯誤當中學到的事情。想出一些例子，比如：

- 令人困窘的錯誤
- 痛苦的錯誤
- 可笑的錯誤
- 嚴重的錯誤
- 有趣的錯誤

祕訣153 創造一些「家庭格言」

想出一些家庭格言來快樂一下。把它展示在廚房的牆上或是冰箱上面，當作提醒。以下有一些建議：

- 「錯誤真酷！」
- 「從來沒做過錯事的人，從來不會完成任何事。」

當你看見他開始因為犯錯而苦惱的時候，不妨用家庭格言來提醒他。

祕訣154 促進健康的自尊

找出鼓勵孩子擁有健康自尊的方法，讓他覺得就是當他自己也沒關係，而且他不需要變成很完美（見祕訣19～23）。

思考缺乏彈性

問題摘要

有亞斯伯格症的人會發覺要有彈性是很困難的。他們會對生活中的許多層面發展出一種非常僵化的態度。這種缺乏彈性，是根源於許多典型的亞斯伯格症的特質，而且因為這個事實，典型的亞斯伯格兒童很容易：

- 拒絕改變
- 頑固和固執己見

- 沉迷
- 迂腐

這可能會導致：

- 他需要感覺自己「在控制」，有時候甚至是對他生活中的大人也一樣
- 他需要感覺生活是可以預測的
- 他看事情不是黑就是白
- 他會對無關緊要的規則感到緊張不安
- 他必須一直都是「對的」
- 他喜歡建立儀式
- 他覺得要應付改變很難
- 他變得對「特殊興趣」全神貫注或是沉迷其中
- 他很迂腐
- 他浪費時間在爭辯不重要或是可笑的論點上

抗拒改變

亞斯伯格兒童非常抗拒改變。每一個可能不會對大部分孩子造成問題的非常小的改變，對他來說可能都會很困難。有一些例子是：他的生活常規或作息表的改變；移動他房間裡的家具，改變了他向來習慣的環境；他在生活中已經習慣的人不一樣了，如看顧他的保母或是接他去學校的人。

頑固和固執己見

有時候，亞斯伯格孩子會讓你發現自己不知怎的就掉進了一場爭論。當他處於頑固的情緒中，會採取一種非常僵化的立場。不管這個議題牽涉到的只是看起來似乎很愚蠢、很瑣碎或是不重要的事情，都沒什麼關係。如果你試著要勸說他，只會讓他更加頑固。

附帶一提，有時候，過了好一會兒後，你會很有趣地發現，他用同樣固執己見的態度，對同一個議題採取完全相反的觀點。然而這並不是說，他已經被說服而改變了心意。可能的情況是，他只是已經「忘了」他原來的立場！

要處理頑固又堅持己見的態度，是非常令人感到挫敗的；同時，了解並且接納這是他的亞斯伯格症的一部分，是相當重要的。他真的覺得要有彈性很困難。當他採取一種特定立場的時候，要讓他從這上面改變非常困難。即使他很明顯的錯了或完全失去理性，他也覺得要考慮其他的可能或是他自己以外的觀點都非常難。在他心裡面，他絕對確定他是對的，而且一旦他陷入某種特別固執的情緒，就沒有一點理性勸說可以說服他，即使是考慮一下他也許是錯的，這種可能也微乎其微。

沉迷

對於兒童和青少年來說，在他們發展熱中的興趣——或許是一種他們喜歡的電視角色、運動員、明星或是時尚的時候，經歷過「瘋狂」階段是相當常見的。亞斯伯格兒童有一點不同的是，他的特殊興趣的領域可能相當不尋常。此外，他的興趣可能會變得比平常更加吸引人和範圍更大。

從正面來看，這個孩子可能會對他的興趣具有非常淵博的知識，如果這個興趣恰巧是他的同儕也會感興趣的領域，那麼就可以改善他和他們相處的情況。

然而，不好的一面是他的特殊興趣會發展成一種沉迷，並且開始控制他的生活。最後他會把它看得太過重要，而無法把它跟其他興趣和消遣加以平衡。他可能會一點也不想要討論和思考任何其他事情，但是他不了解別人並不是同樣的感覺。

祕訣錦囊

思考缺乏彈性

155. 記得：擁有彈性對他而言有多難
156. 讓他知道，但不要誤導他
157. 降低焦慮
158. 慢慢增進彈性（參見祕訣77：最後那句話？）

祕訣155 記得：擁有彈性對他而言有多難

當孩子對某件非常小的事情大驚小怪，你很難繼續保持耐性，例如，因為他一直被要求從「錯的」車門下車。像這樣的時刻，記得僵化是亞斯伯格症相當常見的一部分，是很有用的。那並不是平常的「淘氣」或是不好的行為。有亞斯伯格症的人發覺要有彈性真的很難（參見祕訣15，了解他的缺乏彈性）。

祕訣156 讓他知道，但不要誤導他

記住：從亞斯伯格觀點來看，最糟的事情是不可預測。告訴他計畫是什麼，以及期望是什麼。對於你認為他可能會覺得困難的改變預先加以留意，並讓他知道。他可能不喜歡這些改變，不過他會發現，如果他有準備會比較容易。

了解到「預期會發生什麼事」對他如此重要後，就要小心別做出錯誤的承諾，以及嘗試盡可能精確地說出你所指的事情。千萬不要忘了，他很可能只了解你的話的表面字義，所以你可能需要使用不會太過精準的預告字眼，比如「可能」、「通常」和「大約」。這樣會逐漸幫助他了解：雖然你會盡量讓他知道，不過生活並不是可以完全預測的。

告訴他，例如：

- 「爸爸可能會去學校接你。」

- 「巴士通常會在早上八點來。」
- 「我會在大約半個小時之後到家。」

祕訣157 降低焦慮

當他進入一種僵化的思考狀態時，記住，生氣和想要強迫他有彈性，反而會造成相反的效果。他最安心的時候就是他最有彈性的時候。所有你設法降低他的焦慮層次的努力，都會是很好的投資，最終都會幫助他學習到要有多一點的彈性（見祕訣24～34，降低焦慮）。

祕訣158 慢慢增進彈性

我們想要藉著讓生活對他而言更可以預測，好讓我們的亞斯伯格孩子的生活變得舒服一點，這是很自然的。不過，長期來說，如果他可以變得更有彈性一點會更好。有時候，藉著小心地對他的固定模式製造一點輕微的改變，來試著讓他有彈性一點，會是個好主意。例如，假如你通常會自己去學校接他，不妨試試有一天讓其他人去學校接他。

時機是很重要的，如果你在時機不對的時候催促他太過，很可能反而會適得其反，並且讓他更加僵化。但如果你選擇了一個他似乎很放鬆又對這個想法開放的時機，給他很多的提醒，同時用一種正面而有趣的方式表現給他看，他說不定甚至會喜歡這個改變。

在學校的問題

問題摘要

典型的問題包括了不快樂和不成功的學校經驗，涵蓋以下方面：

- 社會行為，特別是跟其他孩子的關係，比如在遊戲場的關係。
- 遵守一般在學校裡期待大家會做到的行為標準，例如在教室裡或是在禮堂裡的行為。

- 欺負

這些行為可能會導致：

- 老師發現他很困惑或是很難管理
- 孩子的焦慮程度升高
- 他變得愈來愈不快樂
- 他對學校和學習發展出一種負面的態度
- 行為退縮，以及惹上麻煩
- 避免去學校，甚至拒絕上學

你生命中最快樂的日子？

對許多亞斯伯格兒童來說，上學的日子絕對不是想像中應該是「你生命中最快樂的日子」那樣。假如孩子在學校裡很快樂又穩定，那真是太棒了，不過不幸的是，他很有可能屬於少數。令人難過的是，亞斯伯格孩子在學校裡碰到問題且痛苦難過的情況相當常見。

從老師的觀點來看，亞斯伯格兒童是很大的挑戰。他們還沒有準備好要遵守學校的規範和規定；他們的行為會令人困惑和生氣。從家長的觀點來看，看著孩子努力應付一切是很令人傷心的。他們常因為擔心和挫折而不知所措。但是以孩子的觀點來看，情況又是怎樣呢？

孩子的觀點

困惑和混亂

對於亞斯伯格孩子來說，學校的喧囂世界似乎是令人困惑又充滿混亂的。他的許多問題來自他的基本問題——處理不可預測事情的問題。往往他真的不了解他應該要期待些什麼，或是別人對他的期待是什麼。

感覺問題

在他努力去應付的時候，他的焦慮程度會升高。這會讓他比平常更加的敏感，對於像噪音之類的感覺問題會變得更敏感。然後，在他累積了感覺問題之後，他就會變得更加焦慮。

於是，就演變成一種惡性循環。

社交問題

大部分的孩子都熱愛他們可以自由玩耍的時間。在學校時，這通常是在午餐或是下課時間。但是對於亞斯伯格兒童來說，這卻是他們最不好過的時光。他們並不是很清楚，在沒有架構、沒有人指導的遊戲時間中，如何跟他們的同儕相處。他們對於很多遊戲，以及大部分孩子可以輕易理解的人際互動觀念所知並不多，特別是在牽涉到團隊、團體或是「一夥」的時候。類似以上這些問題，會讓他飽受欺侮和嘲弄。

其他因素

此外，在教室裡他可能會有下列問題：

- 寫字（見祕訣125～136）
- 注意力、集中力和組織能力（見祕訣89～95）
- 完成功課（見祕訣137～140）

欺負：亞斯伯格小孩是受害者、被視為受害者或是加害者

雖然很令人難過的，欺負的問題並不侷限在學校中，這卻通常是亞斯伯格孩子最容易受到傷害的地方。欺負對於任何孩子都是令人沮喪的問題，但對於亞斯伯格兒童來說，情況卻更加嚴重和複雜。

亞斯伯格孩子是欺負的受害者或被視為受害者

東尼・艾伍德（一九九八）曾說，對亞斯伯格兒童來說，學校是個「社交礦場」，他們很容易就會引發其他孩子身上的母性或是掠食性本能。有些孩子會感到母性本能而想要照顧他們，可是很不幸的，另外一些孩子會把他們看成是「犧牲品」，並用一種卑鄙又惡劣的方式來對待他們。

亞斯伯格兒童並沒有能力認出這些「加害者」，更不用說是對抗他們來防衛自己。他無法輕易地用「讀心術」解讀其他人的意圖，所以很難知道誰是真正的朋友和誰不是。這會對他造成兩個主要的問題：

- 他的容易受傷會被利用，而且他很容易受到卑鄙和不公平地對待。在這種情況下，他

實際上已經變成欺負的受害者。

• 他對於不是故意要傷害他的人的意圖解讀錯誤，例如，不是故意的或是出於玩笑性質的開玩笑或是嘲笑，並且過度反應。發生這種情況時，他錯認為自己是欺負或是不公平待遇下的受害者。

記住下面這件事是很重要的：這兩個問題在亞斯伯格孩子心目中都是同等真實和令人難過的。

亞斯伯格孩子是欺負的加害者

有亞斯伯格症的孩子，向來不太可能參與富於心機的欺負事件。但另一方面，有時候他也會對其他任何孩子濫用權勢。典型的例子多半發生在不由自主而不是出於計畫的情況，比如，他要發洩自己的挫折和憤怒的時候。

一般來說，比起一般的孩子，亞斯伯格小孩很可能會是欺負的受害者而不是加害者。而且在他參與欺負的時候，很有可能是被迫而惹上麻煩的。事實上，他很容易成為被蓄意誘導或是被設計發生這種情況的犧牲品。

欺負可能會造成的傷害

不管是什麼情況，欺負對亞斯伯格孩子來說會是個嚴重的問題，而且會讓他的生活變得非常糟。這種情況會以各種方式表現出來，包括下列形式：

- 自尊心和自信心受損
- 他變得沮喪和退縮
- 他變得有敵意和憤怒
- 焦慮和緊張程度上升
- 動機減弱

對學校的態度

很顯然，在一般孩子的心目中，學校大概有百分之八十五是和他們跟朋友的人際互動有關。其他的部分像是課程之類，在他們心中只有百分之十五的比重。危險的是，在亞斯伯格孩子心中，學校可能會變成是百分之八十五的負面感覺和經驗：失敗、拒絕、羞辱、受到誤解、不公平的對待或是被欺負。如果缺乏正確的支持，他的動機很容易就會受損。他會發展出一種對學校和學習的負面態度，然後逐漸轉變成他決定根本就不值得費心去嘗試的狀況。

更正面的態度

值得記在心上的是：即使學校的日子很重要，它們並不會永遠持續下去。學校之後的生活，對有亞斯伯格症的人來說，會輕鬆許多。在學校生活中，他被期望要嚴格遵守規範，而這種嚴格的程度最後畢竟會有終止的一天。當他大一點的時候，他應該會用一種對他來說比較輕鬆的方式來安排生活。他可以追求他的興趣，避開吵鬧的團體，選擇最適合他的社交場合，並且用一種適合他人格特質的方法去安排他的職場生活。

處理問題

一旦我們把孩子留在學校大門內，我們實際上已經把對他的照顧和責任委託給學校當局，而他們當然會有他們的規則和程序。身為父母，我們對孩子在學校經驗的影響因此就會變得有限，不過還是有很多我們可以協助他們的方法。

祕訣錦囊

在學校的問題

159. 選擇最合適的學校
160. 讓他做好準備和具備能力
161. 保持警覺
162. 讓家成為安全的天堂
163. 讓溝通線路維持暢通
164. 與專家取得聯繫
165. 能力和技能評估
166. 處理欺負的問題
167. 跟學校商量欺負的問題
168. 讓他「暫停」一下

祕訣159 選擇最合適的學校

必須要做的第一個也是最重要的決定，是哪一個學校最適合你的孩子。在調查和拜訪學校的時候，你很難知道應該留意哪些因素。適合亞斯伯格孩子的正確學校很難找。理想上，它應該是：

- 有一種安靜、有秩序的氛圍
- 要開放又有彈性
- 對於孩子的需要會加以支持
- 對亞斯伯格症有健全的知識，或是至少準備好要去學習
- 對其他的亞斯伯格兒童有良好的正向經驗
- 教師和學生人數比例佳
- 關愛但是嚴格

如果你能跟來自同一所學校的另一個亞斯伯格孩子的父母談一談，會很有幫助。他們可以告訴你他們的經驗是怎樣的。有些學校可能並不介意為你安排這樣的接觸，如果你提出要求的話。個人的推薦會非常可靠。

祕訣160 讓他做好準備和具備能力

為入學而做的「一般」準備

當任何孩子開始要上學的時候，如果他事先知道一般的學校生活會是什麼樣的情況，對他會很有幫助。對於亞斯伯格孩子來說，這一點甚至更加重要。你可以採取一種符合實際、正面而有趣的方式，來幫助他做好準備。跟他談一談學校，並且進行一些包含學校主題的活動和遊戲：

- 讀書
- 看錄影帶
- 畫圖
- 玩「學校」遊戲（角色扮演）
- 帶他去看看學校和老師

為入學而幫他培養人際互動的能力

亞斯伯格孩子有很多特殊問題要應付，特別是在社交技巧的領域，所以只有給他額外的準備來協助他處理這些事情，才會有幫助。任何你可以用來增進他的社交技巧和社會覺察能力的事情，對於他在學校都會有很大的好處（見祕訣35～50，填補社交和情緒缺口）。

我們很容易就會假設說，他了解的事情比他真正明白的多。幫助他了解一些微妙的觀念，或許會有利於他應付學校的社交礦場：

- 傷害不一定都是故意的（附錄11）
- 戲弄和善意的取笑（附錄12）

祕訣161 保持警覺

隨時注意他在學校似乎是多麼快樂或多麼不快樂。如果他想要告訴你問題，試著有耐心地聆聽。無論如何，他可能不一定能很輕易地跟你談，所以你也許需要尋找各種跡象：

- 他進入學校時，看起來怎麼樣？他是不情願和緊張不安呢？還是很熱切又放鬆？
- 他和其他孩子互動時，看起來怎麼樣？針對這點跟老師保持聯繫。
- 他在週末和假日時，看起來怎麼樣？他在這些時間是不是更加放鬆？
- 是不是有任何可能是肢體欺負的跡象？像是淤青、割傷、撕破的衣服或是「不見的」晚餐錢？（參見下面的祕訣167）

如果他在學校不快樂，可能會表現出：

- 失眠
- 焦慮
- 攻擊性
- 情緒不佳和壞脾氣
- 安靜和退縮
- 不願意去上學

祕訣162 讓家成為安全的天堂

因為學校對亞斯伯格孩子可能是非常難受的地方，所以他真的需要家裡成為一個感覺安全的場所。至少有個地方是他可以放鬆和感覺有某個人是站在他這邊的，是非常重要的。一個幫助他感到有人支持他的好方法，就是聆聽他說話（見祕訣107，用同理心來聆聽）。

他可能會覺得他在學校受到不公平的對待，因此，在家裡的時候，你不僅要公平，看起來也必須是這樣，這是非常重要的。你可能需要非常緊密地監督，盡量預防孩子們從學校回家後因為玩耍而彼此間產生的緊張。

祕訣163 讓溝通線路維持暢通

做所有你可以做的事情，以維持你和學校之間的溝通線路暢通。跟老師保持聯繫，並請他讓你知道是不是有任何問題。萬一家裡出現問題時，送上一張紙條。如果學校知道家裡發生了什麼事，對他們來說會比較容易。反之亦然。

在學校有問題出現的時候，想要弄清楚事情的真相，並找出究竟真正的情況如何，並不容易。通常孩子和學校都會同意，情況並不是很好，但是兩邊對於什麼是錯的，都有不一樣的看法。因此要調查整個事情經過就變得很難。試著盡可能公平地聽一聽雙方的說法。

如果你覺得孩子脫離了界線，要記得目標是「接納這個孩子，而不是挑戰這種行為」。試著讓他知道，雖然你不能接受他的行為，你依然愛他、接納他，以及希望能幫助他下一次能表現得不一樣。

假如你覺得學校已經不對了或是不公平了，事情就會變得棘手。嘗試跟他們開放而誠實地談一談。告訴他們你的感覺：你非常關切；你了解你的孩子可能很難管理；你並沒有試著評斷發生的事情；以及你樂於聽到，從學校的觀點來看，到底發生了什麼事情。記住，對質的態度通常會有害而不是有利。

學校往往可以解釋情況，並且向你保證他們會盡其所能，就像你會盡你所能一樣。如果他們對建議持開放的態度，他們可能很高興聽到你提出的，關於下次或許可以怎樣處理得不一樣的任何想法（參見祕訣167，跟學校商量欺負的問題）。

祕訣164 與專家取得聯繫

不論孩子在開始上學時是否已經過診斷，不用太久，他很可能就會受到學校和教育當局的注意，因為像他這樣的孩子需要某種特別的關切。最終他可能還是需要一些專家的評估和協助。亞斯伯格兒童往往有很多不一樣的問題，這表示你最後可能需要跟各種專家聯繫。

處理這些事和在家理管理亞斯伯格孩子，似乎非常令人氣餒，不妨把你自己當成是專家團隊中的一份子。在你自己小孩的這件事情上，你是專家，因為在某種程度上你了解他，而且無人能及。如果你能和工作人員以及其他專家發展和促進良好的關係，那麼對孩子會最有幫助。記住：你們站在同一陣線上，而且父母是這個團隊的重要部分。

祕訣165 能力和技能評估

學校可能會希望讓孩子進行各種測驗，以做為他們評估程序的一部分。看看這些會顯示出怎樣的結果會是有趣的，即使我們非常了解自己的孩子，測驗會讓我們從不同的角度來看他們。理想上，評估可以顯示特別的優勢以及缺點所在，同時會提供比較完整的狀況描述，這會讓適當的協助可以用在恰當的地方。

亞斯伯格兒童的智商測驗會出現令人驚訝的結果，分數會是「高高低低」的，分數通常會在某些領域高，但在其他的領域低。低的分數並不一定是能力的可靠指標，因為如果你剛好是在亞斯伯格小孩的「壞日子」讓他做測驗，他可能會表現得比平常差或是拒絕合作。因此，結果或許不一定能顯示他真正的潛力。

徵詢第二意見或是其他私人意見，是值得考慮的，如果你覺得可以從中得到更精確的狀況描述。不過，另一方面，當然你並不會想要讓孩子經歷太多有壓力的折磨。

分開評估？

冗長的評估對孩子來說會是很煎熬的。有時候一個測驗可以分成兩天來做。如果你認為一次漫長的評估很可能會讓他太過緊張，詢問一下這種可能性，至少值得一試。

祕訣166 處理欺負的問題

假如你懷疑孩子若不是被欺侮，就是可能處於被欺侮的危險之中，以下是一些你可以採取的步驟：

1. 確認他知道和了解欺負是什麼，以及他應該如何處理這件事。參見：
 - 欺負是什麼？（附錄13）
 - 「欺負」可以和不可以做的事（附錄14）
2. 如果可以，讓他遠離危險，以及遠離你懷疑的人。找出欺負的「熱門地點」，比如學校巴士，並且在進行調查或是解決的時候，想辦法避開這些地方。
3. 如果他抱怨受到不好的對待或是欺侮的話，冷靜地聽他說，並且不要輕忽他擔心的事。告訴他，跟你談談是正確的，同時讓他知道你站在他那邊，以及你相信他。知道你關心以及欺負這件事受到他生活中的大人認真看待，對他來說是很重要的。
4. 試著盡可能找出事情的真相。如果情況顯示有理由這樣做的話，你或許也得跟其他人談一談。如果孩子承認了任何對他並不有利的細節，比如他某種程度上的挑釁引起了這樁意外，記得要讚美他的誠實。

5. 不要馬上下結論。有亞斯伯格症的孩子容易錯誤理解人際互動的行為，因此情況可能並不像它顯現出來的那麼簡單。試著平靜地確認這是不是一件過度敏感的例子或者真的是欺負事件。如果問題似乎是過度敏感而不是真正的欺負，把這件事當成是孩子的自尊心在低點的一個線索。如果情況只是他需要感覺你站在他這邊，而沒有其他目的，即使他對欺侮的擔心都可能是與事實不符的。

6. 假如你懷疑他正受到欺負，但是他並不想提出來的話，你可能會想要試著調查一下。為了知道發生什麼事，你或許必須跟老師非正式地談一談。或者你可以詢問孩子以下的其中一些問題：

- 在學校今天過得怎麼樣？
- 今天最好／最糟的部分是什麼？
- 你跟誰一起玩？
- 你們玩了什麼遊戲？
- 你喜歡這些遊戲嗎？
- 你還跟誰一起玩？
- 你在學校裡最喜歡的是誰？
- 誰是你最不喜歡的人？
- 為什麼？
- 你盼望明天去上學嗎？

7. 把發生的事情和孩子說的話記下來，以防情況需要更進一步的行動。
8. 適當時帶孩子去看醫生，以便評估他的狀況，並對孩子的遭遇出具一份正式紀錄。
9. 時機恰當時通知學校或是當局的人。

祕訣167 跟學校商量欺負的問題

如果你對欺負的問題有充分擔心的理由，跟學校（或是當局的其他人）聯絡。假如你認為事情很緊急，必須立刻告訴他們，試著盡可能迅速地跟他們約定時間。在你隨後出席任何學校會議時，以下這幾點很有用：

- 把你想要討論的事項寫下來
- 考慮帶你的另一半或是一個朋友去當支持者，或是幫你記得說了什麼
- 立場堅定但有禮貌。陷入辯論是不可能有用的
- 千萬不要怪罪別人、誇大或是直接跳到結論
- 詢問他們注意到些什麼，以及他們會建議採取什麼行動
- 提出你自己的建議

- 假如有個問題是牽涉到另一個孩子，建議這兩個孩子之間的接觸要監控一陣子
- 確定你了解學校打算要採取的行動是什麼
- 安排在之後跟他們聯繫，以便你可以了解後續狀況

祕訣168 讓他「暫停」一下

安排好的休息

如果孩子不管為了什麼原因都似乎變得過度焦慮時，不妨考慮讓他進行安東尼·艾伍德所謂的「心靈健康的休息」；換句話說，就是短期間離開學校，而在家裡做他的事。試著跟學校協調這件事，並且要讓他們充分知道狀況。

永遠的「暫停」——在家裡上學

在家裡教育孩子是一件大事，而且絕對不是輕鬆的事。這是不是個好主意，很大一部分是要看個別的案例來決定（見祕訣137～140，督促寫功課，跟孩子一起在家工作的想法）。除

非你有很多後援，要不然這會是非常寂寞和孤立的經驗。如果你正在考慮這件事，美國家庭教育諮詢服務（Home Education Advisory Service）是一個極佳的建議和資訊來源。（PO Box 98, Welwyn Garden City, Hertfordshire AL8 6AN.）

在家自學最明顯和最重要的好處是，在極端的案例中可以降低焦慮。不過從現實來看，有很多重要的因素你應該考慮：

- 你自己和家庭的緊張不安
- 變得與世隔絕以及迷戀你的孩子的風險
- 要擁有你自己的生活會變得更加困難
- 對他來說，找機會來練習社交技巧可能會變得困難
- 他或許會非常難以激勵、引發興趣和教導
- 對於沒有受過訓練、沒有經驗和非常疲憊的人來說，一個人要承擔的太多了
- 要把父母和老師的角色結合起來很難
- 要把他從家裡的很多誘惑，比如電視和電腦遊戲中拉開，可能會是相當困難的事

感覺問題

問題摘要

有亞斯伯格症的孩子可能會對某些特定的感覺經驗，譬如聲音和撫觸，有不尋常的敏感度。比如說，他可能會發現他很難忍受：

- 某些聲音
- 人群
- 比如，某些衣物或是標籤上的觸感
- 或者，他對於疼痛或是溫度有不正常的經驗

這可能會導致：

- 焦慮程度升高
- 行為退化——特別是如果孩子的問題不被了解，以致不能獲得諒解

孩子的觀點

增強的或是扭曲的感覺經驗，在罹患亞斯伯格症的人身上是很常見的。一些他們的自傳，對於幫助我們多了解這對他們來說會像是什麼樣子，很有用。然而，即使感覺問題相當普遍，可是它們並不容易為人了解。

一個理由是，孩子並不會一直告訴你他正經驗到的任何不尋常的事情，因為從他的觀點來看，這當然不是什麼不尋常的事。他並沒有辦法知道他所經驗的事情跟其他人的經驗有什麼不同。

由於這些問題並非總是明顯易見，小心謹慎地留意它們，可能是有必要的。它們可能會找不出理由解釋的焦慮或是不好行為的原因或是主要理由。

一些常見的敏感問題

聲音

他可能會對有些聲音敏感，包括：

- 突然、沒有原因或是非常大的噪音
- 背景類型的聲音，譬如人群的推擠和嘈雜的聲音
- 其他特定的聲音，譬如寶寶的哭聲或是吸塵器的聲音

撫觸

這種敏感問題可能會出現在討厭摟抱或甚至是其他人輕輕掠過他，例如學校裡的其他孩子排隊時輕輕碰到他。或是他可能難以忍受衣物標籤之類的小摩擦。

在另外極端的例子或是不同的時間中，他可能會渴望用力按壓或是「被觸壓」的感覺。為了滿足這種渴望，他可能會主動發出粗魯或是不恰當的肢體接觸。至於大聲開心的玩鬧或是被逗笑，他要不是非常喜歡就是非常討厭。

溫度

他或許對溫度比較不那麼敏感。這可能意味著，要在冷天裡說服他穿上溫暖的衣服，或是要在天氣暖和時讓他脫掉厚重的衣服，是很困難的。

疼痛

他的疼痛閾值（threshold of pain，編按：指個體能感知到疼痛的最小刺激強度）若不是很高，就是很低。如果他的疼痛閾值高的話，情況會比較不明顯，這表示他可能生病或是疼痛，但他自己卻不知道。

飲食問題

參見祕訣111～124。

其他

他或許會渴望或是憎惡你們從快速旋轉、遊樂園騎乘或甚至是溜直排輪所產生的轉動感覺。

了解問題

或許「正常」人可以了解感覺問題的唯一方式，是了解不是每個人都用完全相同的方式經驗感覺的刺激。當然，有許多事情是我們大部分人都會同意的，比如說，大部分人都喜歡吃巧克力。不過其他的感覺是非常個人的。

想想看，某個人用他的指甲刮擦黑板的聲音，很多人真的討厭這種聲音，同時覺得它幾近痛苦。我看過有人摀住他們的耳朵，即使他們只是聽到這種聲音一下子。如果聲音再持續下去的話，他們可能就會逃出房間以免聽到這個聲音。但是對像我這樣的人來說，這就只是個普通的聲音而已。我看不出來任何它會讓人困擾的合理理由。

這跟「正常」人有時候對亞斯伯格症患者的感覺有點相似。我們就是不了解，為什麼有些特定的事物會讓他們煩惱。或許我們只需要接受他們所做的事情就好。

祕訣錦囊

感覺問題

169. 降低焦慮
170. 容忍
171. 減敏

172. 感覺統合
一些可以玩的遊戲
173.「男孩三明治」
174.「一毛錢座位」
175.「壓扁了」

祕訣169 降低焦慮

在亞斯伯格孩子的敏感容忍程度和他的焦慮程度之間，似乎有一些關連。當他比較不焦慮的時候，他似乎經驗到比較少的問題，反之亦然。所以某種程度上，他的敏感在任何特定時間裡，都可以看成是他的焦慮程度的氣壓計。你可以採取一般降低焦慮的步驟，尤其是在孩子特別敏感的時候（見祕訣24～34）。

祕訣170 容忍

留意孩子可能會覺得不舒服的感覺經驗，同時準備好讓他避開你認為他可能會非常不舒服的情況。

祕訣171 減敏

偶爾在他比較不焦慮的時候，想辦法非常溫和地提升他的容忍度。目的是要漸漸地讓他對覺得非常不舒服的刺激減敏。比如說，如果像我兒子一樣對吸塵器的聲音感到不舒服，不妨找一個他覺得快樂平靜又有信心的時刻，讓他在一段距離之外聽這個聲音一小段時間。稱讚他能應付這件事，但是不要在這時太過逼迫他。重要的是他必須能感覺到成功。

下一次，試著在他之前成功的基礎上再做些新的嘗試，你可以讓吸塵器開久一點或是在一個比較近的房間裡吸等等。最後他可以驕傲地說：「吸塵器的聲音，在以前我比較小的時候，會讓我不舒服，可是現在再也不會了。」

祕訣172 感覺統合

去看一個感覺統合專家，以評估和診斷感覺問題的本質和程度。他或許能提供不同種類的幫助，也許可以幫小孩按摩。你可能甚至會想要學習如何為你的小孩這樣做，而專家可以給你一些如何做得最好的點子。他或許也可以提供建議和推薦一些治療的運動。

一些可以玩的遊戲

他或許可以從讓他經驗觸壓感覺的遊戲中獲益。以下是一些有趣又有療效的遊戲例子，不過，當然其中還有無限的可能，你也可以自己編造。現在就來看看這些例子：

祕訣173 「男孩三明治」

孩子躺在地板上的一條羽絨墊或是百衲被上，然後在他身上堆疊很多層有重量的百衲被、靠墊和被子。（當然，千萬不要蓋住他的臉！）如果在這個「三明治」做好時再加上一點壓力，他可能甚至會更喜歡。

祕訣174「一毛錢座位」

兩個大人彼此面對面、雙手交叉相連，為孩子做一個坐的「位子」。孩子「騎到」這個位子上，但是每一次大人走到門口時，他們就假裝沒有足夠的空間了。因此這個「一毛錢座位」就在門口卡住了好一會兒，然後在座位上的孩子就在中間被擠壓得很厲害。（讓孩子乘坐「一毛錢座位」到他的房間去，會是鼓勵他晚上回到那裡的好方法！）

祕訣175「壓扁了」

孩子坐在沙發或是安樂椅上，大人「意外地」走過去坐在他身上，慢慢地把重量放下，當然要確定不會過度。（你要確定孩子的尖叫聲仍然是快樂的叫聲，而不是疼痛的叫聲！）

特殊事件、社交場合和外出

問題摘要

在有特殊的外出或是事件發生的時候，亞斯伯格兒童的行為往往似乎變得更糟，例如：

- 他拒絕合作或是參與
- 他的行為變得更加有攻擊性或是很難相處
- 他變得很難應付或是愛辯論
- 他說話或是行為表現的方式不恰當或是令人困窘

「特殊」事件

在有某個「特殊」事件發生的時候——例如：假日；也許是有訪客來；家人和朋友的聚會；或是某次特別的外出——這些都是我們希望和期待孩子能愉快度過的時光，當然啦，我們也希望他們的行為表現會是最佳狀況。

但是亞斯伯格孩子的父母很快就會發現，這些時光會是亞斯伯格孩子可能非常悲慘又行為表現最差的時候。

「這應該會很有趣？」

「一般」兒童通常會喜歡特別的場合，甚至是一些像是假日、外出拜訪朋友或親戚，或是去看表演、參加宴會這類的點子，都會讓他們充滿興奮和期待的快樂感覺。而且，這個特殊場合本身通常對他們都是正向而有趣的經驗。

可是對亞斯伯格兒童來說，卻是很不一樣的。特殊場合會是非常有壓力的。當你想到他從可以預測的生活中獲得多少安定感，就不難理解了。「刺激」對於亞斯伯格孩子而言，等同於「難以預測」，而難以預測會讓他變得非常焦慮。

其他孩子所擁有的很多快樂的感覺，已經被害怕或是擔心的恐怖感覺所取代了。所以，當他預期有一次「特殊」場合的時候，他看起來像是不樂意，其實就不令人驚訝了。接著，他對不熟悉事物的恐懼感，對他來說，就會掌控這個場合本身，於是他就無法像我們所希望或是期待的那樣「樂」在其中。然後，這種負面的經驗就會很容易地導致懼怕、抗拒和行為表現不佳的惡性循環。

處理問題

主要的策略是清楚以及合乎實際的規畫和期望。這表示要進行一點推理工作，以便發現在之前的場合中出現了什麼問題，好讓你可以把它列入考量之中。這也意味著，以一種誠實和實際的方式，來幫孩子做好準備來面對這個場合，以便讓他知道接下來會發生的事。

祕訣錦囊

特殊事件、社交場合和外出

176. 誠實的預習
177. 準備一個「備案」
178. 提早到達

179. 回饋、讚美和獎勵
180. 準備一個訊號或密碼
汽車旅行的點子
181. 準備值班表
182. 一張地圖
183. 旅行計畫
184. 規畫停靠站
185. 錄音帶
186. 閱讀
187. 「啞巴會議」
188. 做問卷
189. 二十個問題及其他等等
190. 猜謎書

祕訣176 誠實的預習

讓他知道他的焦慮和問題是被接受和了解的，而且千萬不要對他可能會面對的問題掉以輕心。如果有某件事可能會讓他覺得困難，而你卻告訴他「事情不會那麼糟的」，那麼你下次說的話，他就可能不會相信了。

相反的，如果你對他誠實以告，他會覺得被了解和受到尊重，這樣會幫助他下一次信任你。例如告訴他：「晚上有些事我想說你應該會喜歡，但我想你會覺得有些事情不太舒服。我們到達的時候，那裡可能會有大約十五個人。他們全都會在聊天，會發出很大的吵雜聲。我想你可能會討厭這點，我希望你可以想辦法處理好。接下來，會有一些巧克力蛋糕和可樂，我想你會喜歡這些。」

祕訣177 準備一個「備案」

準備一個「備案」，使得孩子知道他有一些選擇，萬一他覺得事情太過不好受的話。

通常只要讓孩子知道他有所選擇，就能幫助他好好應付。要事先對「備案」取得共識，例如：「當客人到達時，你應該要過來，跟他們打招呼。我要你盡量多待一會兒，不過，要是你覺得很不愉快的話，可以回房間看電視。」

祕訣178 提早到達

假如某種社交場合會造成問題，試著早點到達而成為第一個到的人，這樣孩子就有機會在許多其他人出現前，蒐集他所需的資訊。相反的，晚到的話可能會非常有壓力，因為孩子必須同時應付一個新的環境和一堆新的人。

祕訣179 回饋、讚美和獎勵

孩子跟你在一起的時候，如果能從你這裡得到某種回饋，知道他做得不錯的話，或許對他會是很大的幫助。

祕訣180 準備一個訊號或密碼

當你們在一起的時候，知道他何時變得過於焦慮、不舒服和需要你的注意，並不容易。在他的行為慢慢超出界線但還沒有造成困窘時，要糾正他一樣也很難。想出一個你們可以使用的訊號（見祕訣71）。讓你的東道主或是客人事先知道這個訊號的事，以便有需要的時候，你可以更容易離開。這會是個好主意。

汽車旅行的點子

當孩子要求你的注意、拒絕安靜坐好，以及因為很小的事而吵嘴的時候，帶著任何孩子做汽車旅行都是很有壓力的事情。當其中一個孩子有亞斯伯格症，問題會變得更為嚴重。你需要各種策略以便有路可退。

祕訣181 準備值班表

孩子們激動又惱火的時候，知道他們可以找出什麼事來吵嘴，會令人非常驚訝。如果你們有常因為某件小事而引發的經常性口角問題，譬如誰要坐在車子的哪個位置，要小心不要太常讓亞斯伯格孩子引發這種狀況。如果你好像總是在他挑起爭吵的時候，讓他我行我素，這對其他孩子來說會像是非常不公平的。他們可能會覺得，他們好像是因為行為表現良好而受罰，這當然是錯誤的訊息，卻會引起公憤。

這些小問題對孩子來說，可能非常重要。事先做好計畫，好讓每個人事前就很清楚將會發生什麼事。必要的話，在布告欄上放一張輪值表，好讓大家可以看到這個作法對所有人都是公平的。

祕訣182 一張地圖

帶張地圖，讓旅行變得更有趣。假如你沒有，就畫一張粗略的地圖，或是你可以從網路上印一份出來。亞斯伯格孩子或是孩子們可以跟著地圖，找出地標和路標。

祕訣183 旅行計畫

事先準備好一份簡單的旅行計畫，上面有大略的預估時間，以便讓孩子們知道接下來會怎樣。例如：

離開家：大約早上十點三十分

開到比爾家：大約三十分鐘的車程

接到比爾：大約早上十一點

開往麥當勞：大約十二點抵達

吃午餐：大約從十二點到十二點三十分

繼續前往奶奶家的旅程，大約下午一點三十分抵達

祕訣 184 規畫停靠站

如果旅程非常長的話，在旅行計畫中規畫一些停靠站，在特定的時間或是地點休息一下，好把旅程分散一點。利用停靠站來做些事情，像是「伸展你的雙腿」，或是吃點心、甚至野餐，或者做點戶外遊戲。

祕訣185 錄音帶

帶著音樂或是故事錄音帶，以便可以聆聽，或是一起跟著唱。

祕訣186 閱讀

有些人在移動的車子裡試著閱讀時會感到噁心。只要孩子沒有這種問題，就幫他帶一本他最喜歡的書來度過這段時間。

祕訣187 「啞巴會議」

在開車的時候為你自己爭取一段平靜又安靜的時間，試著召集「啞巴會議」，在這個會議中，最先開口說話的人就「出局」了。

祕訣 188 做問卷

帶一些筆記本，進行一次「問卷調查」。事前決定你要調查些什麼。下面是一些例子：

- 最喜歡的交通工具
- 一種特殊顏色的汽車（或是箱型車、卡車等等）
- 特殊製造的汽車
- 特殊登記方式的汽車

另一個有趣的點子，是根據交通工具保養得多好和多乾淨來幫它們打分數！

祕訣 189 二十個問題以及其他等等

玩一玩像是「間諜遊戲」（I Spy）或是「二十個問題」之類的遊戲。

怎麼玩「二十個問題」呢？基本上是有一個人想一樣東西，其他人必須猜猜那是什麼。一開始，他會提供一點資料，例如：「它是汽車前面的一樣東西。」其他人在猜測這是什麼之前，最多可以提出二十個問題。比如：「是地板嗎？」、「它屬於我嗎？」、「它是玩具嗎？」、「它大嗎？」對於這些的問題，他們只會接收到一個「是」或是「不是」的答案。

祕訣190 猜謎書

帶一些猜謎書、連連看、縱橫字謎、文字猜謎等等，根據他的興趣以及什麼是他比較可能有動機去做的來決定。

說話和對話

說話

有一些亞斯伯格兒童擁有相當正常的說話聲音，但其他的可能會發展出一種造作或是奇怪的說話方式。比如說，他們可能會使用一種沒有抑揚頓挫的音調，或可能是一種外國口音，或是說話速度超乎尋常地慢或快。

問題摘要

孩子在這個領域會呈現的主要問題是：

- 對話技巧
- 說話
- 非口語溝通

這可能會導致：

- 誤解
- 使每一個關心的人都產生很多挫折
- 其他人可能會認為他的態度粗魯、不善交際和傲慢

對話技巧

有時候，要跟亞斯伯格孩子來個普通的輕鬆對話，似乎很難；可是要找出究竟原因何

在，也很難。就好像，你通常期待的那種輕鬆的一來一往方式根本不存在。

亞斯伯格人以缺乏同理心而著名，也就是他可能無法理解別人對於同樣的事並沒有像他那麼感興趣，例如：

- 他變得僵化和缺乏彈性，卡在某一個特定主題上，而且很難改變主題。他並沒有接收到其他人正開始感到無聊（或甚至感到害怕）的微妙線索。
- 有時候他會一直不停的說，就好像沒有「關掉的按鈕」一樣。
- 另一些時候，當他沒有回答時，會出現冗長而令人不舒服的延遲，但我們並不清楚為什麼。

此外，他可能會覺得他需要控制對話，大概是為了讓他自己感到安全和舒服，這可能表示：

- 他想要藉著一種壓倒性的方式來炫耀他的知識和資料有多淵博，好讓人印象深刻。
- 他顯得固執己見和居於主導地位。
- 他講話的方式像是一個小大人，而且他跟大人對話時，會比跟他同年紀的孩子自在。

處理問題

亞斯伯格兒童需要有人教他關於溝通的一些事，而這些是大部分其他孩子憑直覺就會了解的：

- 對話藝術中有不成文的規定。
- 人們說出來的事情，並不一定跟他們所指的意思一樣。

祕訣錦囊

說話和對話

191. 清楚地溝通
192. 留給他一個思考的缺口
193. 教導他「急救片語」
194. 建立堅固的界線

一些遊戲和活動

195. 沙包遊戲
196. 韻文和繞口令
197. 朗讀
198. 答錄機訊息
199. 使用錄音機
200. 清楚說話遊戲

祕訣191 清楚地溝通

示範給他看，你想要聽到他使用的那種說話的音調，也就是清楚、發音清晰、愉悅和彬彬有禮的語調（參見祕訣53）。

祕訣192 留給他一個思考的缺口

大部分的人覺得對話中的沉默或是「缺口」時間，有一點讓人不舒服。當你詢問亞斯伯格孩子時，那裡就可能出現一個這樣的缺口。「一般人」往往會有一點想要藉著填補這個缺口來做出回應，例如：

- 我們會用不同的方式重複問題
- 我們會猜測答案，然後詢問他來確認
- 我們確認他有沒有聽到我們說的話
- 我們提出一個答覆

如果在跟亞斯伯格孩子的對話中出現了一個缺口，這可能表示他需要時間來思考，因為他不確定要如何回答。有時候這樣的情況會發生，是因為在他心裡，他覺得必須給一個確定的答案，即使是在不必要的地方。例如，假如你在學校假期中遇見了一個亞斯伯格兒童，為了試著表現友善，你可能會說：「嗨，麥可，你們學期什麼時候結束開始放假的？」你很可能會碰上如石頭般的沉默。為什麼？或許因為這個孩子正試圖想起假期結束的日期，以便他可以給你一個精確的答案。他沒有領會到這只是一次「閒聊」，答案並不需要精確。其他大部分兒童都能輕易地給一個不明確的答案，像是「幾天以前」或甚至是「我想，是上週的某個時候」。有時候，像這樣的情況，最好不要打斷這個缺口，並給他更多不受干擾、用以做出答覆所需的思考時間。

祕訣193 教導他一些「急救片語」

跟他解釋，其他人對於對話中出現缺口會覺得不舒服。這可能不太合乎邏輯，不過這是真的。因此在他不確定要說些什麼的時候，讓他有一些「急救片語」來可以解危，對他會是個好主意。例如：

- 「讓我想一下」
- 「我不確定」
- 「我得想一想」
- 「讓我想想」
- 「我不知道」
- 或是教他：給一個大概的答案通常都沒問題的，像是：「大約是在一個星期前」。

祕訣194 建立堅固的界線

當他對你滔滔不絕地不斷談論某個主題，像是他的特殊興趣，而且你開始厭倦或是對聆聽感到厭煩的時候，絕對要直接而不要過於委婉。不要給他暗示，這對他可能沒有用，平靜地說像這樣的話：「我會再聽你說五分鐘，然後我就要去看報紙了」，或甚至是「我得走了，我現在沒有辦法再繼續聽你說了」。

一些遊戲和活動

祕訣195 沙包遊戲

沙包會很有趣，因為它們容易接到，而且玩起來感覺很好。它們也可以用來協助讓說話遊戲變得有趣。玩玩只有一個沙包的遊戲，拿到它的人就必須在選定的主題上「做一次好笑的演講」，或者接到沙包的人必須繞口令。可以利用一個計時器來計算「演講」和繞口令的時間。

祕訣196 朗誦詩歌和繞口令

為了增進孩子對語言技巧的信心，尤其是當孩子對特定的發音有困難時，不妨鼓勵他朗誦喜歡的詩歌。（羅爾德・達爾〔Roald Dahl〕的詩受到許多小朋友的歡迎。編按：羅爾德・達爾是知名的英國兒童文學作家，作品包括《巧克力冒險工廠》等）

或者試試好玩的繞口令！例如：

隔著窗戶撕字紙，撕了字紙吃柿子

到網路上搜尋一些可能會吸引你孩子的詩歌和繞口令。那裡有不少有趣、好玩的東西。

或者，何不創作屬於你們自己的詩歌和繞口令？

祕訣197 朗讀

為了幫助他練習清楚地說話，輪流朗讀會很有趣，或許可以讀一本他喜歡的故事書。這可以讓你找出他說話的問題是什麼，如果有的話。這也可以讓你為他示範如何清楚地說話。

祕訣198 答錄機訊息

讓他準備一段訊息，以便在電話答錄機裡留言。你也許需要協助他準備要說些什麼，幫他寫下來，在錄音以前讓他練習個幾次（如果家裡有其他孩子，讓他們每一個人都在不同的時間裡輪流錄音才公平）。

祕訣199 使用錄音機

互相幫對方錄音或是編出一些遊戲來玩一玩，好在一些特定方面的問題幫助他。例如，如果他很容易說得太快，你可以玩「哪一種聽起來比較好？」試著讓他聽聽他的聲音在不同的速率下聽起來如何，在他有改善的時候要稱讚他。

祕訣200 清楚說話遊戲

如果孩子有一種慵懶、不清楚或是很特殊的說話方式，可以玩一玩清楚說話遊戲（附錄10）。

第四章

我的教養心得

一份禮物

擁有一個亞斯伯格症的孩子，並不是我所期待的事。這是到目前為止我做過的事情當中最難的一件，而且它完全改變了我的生命。很多時候我筋疲力竭、挫折不已又很沮喪，只是覺得想要放棄。但是我不願意用我的孩子來跟世界交換，我打賭你對你的孩子感覺也是這樣。在我比較快樂的時刻，我知道要是時間可以回頭，重新來過，我還是願意全部再做一次。我會在一瞬間立刻選擇我的兒子。

我想我們全都想要對這個世界產生影響力，但我們情願用自己的方式來辦到。努力去做一件全世界會了解和有所回報的事，會比較容易。然而，還什麼有比幫助另一個人變得真正快樂和自由更有價值和有成就感？

擁有照顧特殊兒童的機會，是一份同樣美好的禮物和特權。每一個亞斯伯格父母都有獨特和富有價值的任務，可以創造不同的以及學習這麼多的機會。沒有事情是因錯誤而發生的，沒有什麼是意外。特殊兒童來到特殊的人這裡。或者，是特殊的任務幫助我們了解我們的特別？

我學到的事情

就像非常小的孩子一樣，有亞斯伯格症的人沒法像我們其他人一樣玩社會遊戲。這些遊戲很多都是設計來隱藏我們自己的某些部分。所以，難怪跟亞斯伯格人的互動，會讓我們覺得不舒服。誠實是一項挑戰，不過這也是一個機會，讓我們可以重新檢視怎樣才是思考和建立關係的自在方式。而且在被帶離我們的舒適領域時，我們會學到很多！

我已經學到很多要不是因為這樣我可能沒有機會知道的事情。我已經學會用不一樣的方式看待生命；我已經學會更謹慎地想想我說的話、我的行為方式，並且不斷嘗試新的事物；我已經學到要更有耐心，耐心一定不會是件壞事；我已經遇見了奇妙的人，他們鼓舞並幫助我，學習到生命中什麼是重要的。

我從亞斯伯格症學到的愈多，我就變得愈加著迷。我已經有結論了：亞斯伯格人，在某種程度上，擁有我們每一個人特質的極端版本。這表示，了解亞斯伯格症，可以幫助我們更加了解彼此和我們自己。我很驕傲地承認，我也有亞斯伯格特質。而且我更喜歡我自己了，因為我已經了解和擁抱我自己的那些部分。

亞斯伯格星球

有時候，有亞斯伯格症的人會說，他們真的覺得，他們自己是在錯誤的星球上，他們並不適合這個星球。你是否曾發覺自己在想：他們真正適合的地方會是像什麼樣子呢？

想像如果有另一個星球，在那兒，亞斯伯格症是正常的，而且亞斯伯格人覺得這是屬於他們的地方。你認為，這個地方會像是什麼樣子呢？想到它可能是個比現在這個世界更加親切、更加安全和更加真實的地方，就會覺得有趣。如果我們可以送一個人類學家去那裡訪問，他會帶回來什麼樣的報告呢？或許它讀起來會像是這樣：

來自亞斯伯格星球的報告

在亞斯伯格星球上，人類進化得相當不一樣，同時在我們的世界中，一些因為人類的殘酷和欺騙所造成的苦難根源，已經完全不為人所知了。人們高度重視個人、空間、隱私和免於高壓統治。團體行為的象徵，諸如組織成社會團體和追隨一個領導者，已經消失不見了。這已有非常深遠的意義。戰爭，舉例來說，已經完全沒人知道了。

這裡的住民似乎對公平性有很高的意識。他們的法律建立在清楚的道德標準上，儘管特定的規則反而過度複雜。高度發展的電腦科技促進了很大的溝通。人們社交上的聚會，通常是為了某種特殊的理由，比如他們有共同的特殊興趣。在這樣的場合中，閒聊並不是一個重點。

這個星球的訪問者，有時候會因為當地人直言不諱和直接的方式而覺得不舒服，不過如果他們習慣了，往往會覺得這樣讓人耳目一新。因為在這個星球上，沒有什麼事情隱藏起來，也沒有假裝。沒有人會單純地因為他的地位而受到不一樣的對待方式。讚美和羞辱都同樣來自完全真誠和開放的態度，同時每一個人都非常清楚自己的立場是什麼。

各種情緒以同等的開放態度來表達的，這讓情緒沒有時間惡化。於是，一點也沒有怨恨、痛苦、憤慨、虛偽，或是心理學所謂的「操弄遊戲」。

在這個星球上的幽默分成兩大類，要不是很頹廢，要不就是很殘忍。第一種是很明顯又不複雜的鬧劇式的幽默；第二種是非常複雜的幽默，是根據聰明的操弄字眼而來的。

在每一個家庭和每一個街角，都可以看見特殊的去壓膠囊，用來協助處理相當常見的異常感傷。這些膠囊透過讓使用者完全控制模擬的感官環境，也就是選擇他自己想要的燈光、顏色、壓力、噪音等等，來發揮作用。

不過，在亞斯伯格星球上最特別的一點是，對於兒童和他們的價值特別重視。星球上的所有住民長大成人之後，並沒有失去一些童年最美好的特質——驚奇的感覺、不受約束的誠實，以及用一種不妥協的清明來看待道德議題的能力。

附錄

〔附錄1〕

應用行為分析（ABA）

PEAT團體

就在我兒子被診斷出亞斯伯格症後沒多久，完全出乎意外的，我發現了應用行為分析（Applied Behaviour Analysis，ABA）。我碰巧看見地方報紙上的一篇文章，文章是關於一群自閉兒的父母正要一起在歐斯特大學（University of Ulster）學習一種管理他們孩子行為的方法。在那個階段，我兒子的行為管理還是主要問題，因此我就以開放的心情去看看可以學到什麼。

這個團體是由心理系的基南博士（Dr. Mickey Keenan）和柯爾博士（Dr. Ken Kerr）所領導的。這兩個人以熱情奉獻的精神把ABA教給自閉兒的父母，以便他們有能力去幫助他們的孩子。他們設立了一個公益團體PEAT（自閉兒家長職能治療研習團體，Parents' Education as Autism Therapists），並且無償地放棄了很多他們的空閒時間。過去幾年來，我參與了PEAT團體，並且從中學到所有我能學到的ABA知識。

團體中的其他父母通常是利用ABA來教導他們的孩子一些非常基本的技巧，比如說話，因為他們的孩子有典型的自閉症。老實說，我常會覺得自己在這個團體裡格格不入，因為亞斯伯格兒童的挑戰跟典型的自閉症兒童的挑戰截然不同。不過我還是繼續參與，因為我對於運用ABA的基本原則很有興趣，同時我也相信，它們也能成功地運用在亞斯伯格孩子的身上。

ABA幫助我了解到，雖然除了自己的行為我們無法控制其他人的行動，不過我們還是可以透過我們回應的方式來對孩子進行很多行為訓練。了解想法如何改變，真的很有趣！以前我一廂情願地認為，「行為訓練」在養育孩子的過程中沒有一席之地，但事實上，我們一直都在這樣做，不論我們對它是否真正了解。

在我自己的經驗中，雖然使用ABA一直都很辛苦，但它已成為一種非常成功和有力的教養工具了。它已改善了我兒子的動機，並且在他很多方面的行為產生了幫助。他尤其很快就接受了代幣制度（附錄3）這個點子。它所帶來的一大好處，是讓他正面地參與，並讓我們雙方都覺得彼此的立場相同。

使用ABA

進一步討論ABA的細節，並不在本書的範圍之內。以下簡短的摘要只是想對其中一些原則和技巧提供一點概念。

規畫一次ABA的介入（參見附錄2）

- 找出目標行為。
- 目的是什麼？
- 行為問題的背景是什麼？
- 有任何介入的正當理由嗎？
- 步驟一：執行A—B—C。

A—B—C代表的是Antecedent（前因）—Behaviour（行為）—Consequence（結果）。這個步驟包括：花點時間仔細地了解目標行為本身，以及之前的行為還有結果是什麼。

- 步驟二：分析A—B—C。

- 步驟三：列出可能的增強因素和可能的相反結果。
- 步驟四：把目的變成實際可行的目標。

〔附錄2〕

規畫應用行為分析（A—B—C）介入

這只是一個例子，用以說明，在一個接一個步驟的方式下，ABA的原則如何可以用來規畫一次介入。不過，這是一個真實的例子，並且產生了附錄10中新編出來的「清楚說話遊戲」，它用在我兒子身上非常成功。

日期：＿＿＿＿＿＿＿＿

目標行為

說話不清楚且方式特殊。

目的

清楚說話。

背景

肯尼斯能夠說得非常好，但他往往說得不清楚或是很奇怪，例如：堅持用一種造作的音節劃分方式說話、快速地喃喃自語，或是把全部的字眼連在一起，以至於連親近的家人都無法聽懂他在說些什麼。在社交情境時，別人常會要求他重複再說一次。他典型的反應可能會是拒絕、喃喃自語，或是大叫，指控聽話的人沒有好好聆聽。

理由

他的溝通和人際互動技巧，應可用比較清晰的說話方式來改善。這對每個人都應該能減少一些挫折和誤解。我希望這會產生更大的益處，包括：提升他的自尊心和自信心。

步驟一：執行A—B—C

完成A—B—C（見附錄1）。

步驟二：分析A—B—C

分析和結論

以下行為會產生反面效果：

- 抱怨而不是了解他。
- 批評，行為和語氣上顯得沒有耐心。
- 要他再說一次。

以下行為會增強清楚的說話：

- 誇張地為他示範清晰和清楚的說話方式。
- 當他說得清楚時，誇大地讚美他的努力。

步驟三：列出可能的增強因素和可能反面的結果。

想一想原因／結果可以怎樣加以控制。

可能的增強因素

- 在規畫一件計畫時，盡可能讓他參與。
- 盡可能經常地為他示範你希望他做到的行為。
- 讓它變得有趣——編造一個遊戲。
- 有一個清楚了解的架構和符合實際的目的，以促進有趣和成功的經驗。
- 對於進步給予大量的讚美和鼓勵。
- 讓他可以挑選經過計畫而產生的努力和進步的獎賞。

可能的反面結果：

對於計畫中出現的故意不順從：

- 移開注意力。

・轉向比較不想從事的活動。
・代幣罰款。
・威脅性處罰，如減少看電視時間之類的。

步驟四：把目的變成實際可行的目標

小提醒：要包含一個動詞片語、條件和可接受的表現標準。

實際可行的目標

在各種情況說話時，包括社交場合，都要使用遵守「清楚說話規則」（見附錄10）的方式。

可接受的行為表現的最終評估標準，會持續一整天，同時沒有人會要他重複再說一次。

〔附錄3〕代幣制度

原則

藉著想要擁有某一種有趣的貨幣，孩子會有動機來改善其行為，這種貨幣是他可以用良好行為「賺取」，或是因為不好的行為而被「罰款」的。然後他或許會把代幣存起來，或是定期向獎品商店「購買」獎品。

發展內在動機

代幣制度顯然就是外在動機的一種形式，而亞斯伯格兒童終究還是需要發展內在動機。無論如何，代幣制度可以用來作為前往那個目的地的踏腳石。除非我們有一種方法可以促進我們所期望的行為，否則孩子永遠也沒有機會去經驗單純為了自己的緣故而做好事情的那種內在滿足感。

當他行為表現良好，對他的努力給予很多讚美和鼓勵，以及更多有形的代幣獎賞，是很重要的。這將會鼓勵他將他的良好行為表現跟讚美和有形的獎賞連結在一起，然後他會把這兩者都視為他想要的東西。當他成熟並且信心增強後，他的內在動機應該會發展出來，於是就可以脫離代幣制度了。

如何建立代幣制度

你會需要一些代幣和一家獎品商店。

代幣應該是代用貨幣或更好的是「玩具鈔票」。

關於獎品商店：

1. 獎品應該是孩子夠喜歡的東西，好讓他有動機去努力賺取它們。
2. 獎品應該要事先買好，放在家裡某個孩子們通常拿不到的特定地方。這可以是任何地方——床底下的一個盒子、高高的層板等等。

3.很顯然的，不要花費超過你能負擔的金額去設立獎品商店。找找在你預算之內的拍賣品和商品。

4.如果你打算在沒有任何理由的情況下，給孩子一個玩具或是請他好好吃一頓，想想看：是不是有可能把它放進獎品商店裡，用以取代。

5.讓孩子參與獎品商店的建立，例如：

- 接受他對新獎品的建議（讓他有把整個目錄看一遍的樂趣）；
- 在你買獎品的時候，讓他看看它們（但是不要讓他打開）；
- 協助他對它們定出「定價」。

6.為了增加代幣制度的價值，它們應該只能透過代幣制度取得，是很重要的。孩子應該不能用其他任何方式獲得，否則獎品對他來說就會變得不是那麼珍貴了。

7.獎品當然也可以是非物質的獎賞，譬如一次他喜歡的外出或是吃一頓飯等等。

摸彩袋

偶爾給孩子一個摸彩袋，作為一次特別的獎勵。這表示，他要閉上眼睛、伸手進去，從選定的獎品中抽出獎品來，而且可以保留他所選中的任何獎品。

代幣制度的價格清單

以下是一個代幣制度價格清單的真實例子，或許能給你一些點子！

書籍

《巴特·辛普森的恐怖樹屋》（*Bart Simpson's Treehouse of Horror*） 一千代幣

小本的平裝書 每本一五〇代幣

糖果糕點

金幣巧克力 每個五代幣

巧克力足球 每個五代幣

莫洛糖條 每個二十代幣

薄荷糖 五代幣

巧克力士兵 每個十代幣

玩具及其他

卡通秀軟體　三二五代幣
羅盤　一五五代幣
電子鋼琴歌本　三五〇代幣
萬花筒　一六〇代幣
侵入者警報器　一千代幣
隱形迷宮　二百代幣
惡作劇餅乾　每個二百代幣
笑話集　四五〇代幣
Mind Teaser拼圖系列　每個一五〇代幣／全部十二個一千二百代幣
金屬探測器　一千三百代幣
紙黏土　六百代幣
輻射計　八百代幣
無賴漢（Scallywags）光碟　三二五代幣
蛇罐　四百代幣

彈力球　二三〇代幣

Zigzag spinning遊戲軟體　八百代幣

其他獎品

去動物園　二五〇代幣

去科學公園　二五〇代幣

租錄影帶　二五〇代幣

到動物庇護所　二五〇代幣

看電影　二五〇代幣

神祕旅遊　二五〇代幣

逍遙自在的一天　二五〇代幣

〔附錄4〕

基本規定

（以下只是一個例子）

日期：＿＿＿＿＿＿

規定

- 在看電視或是玩電腦遊戲之前，你一定要得到允許。
- 當你有功課要做的時候，至少要在五點的二十分鐘前，想辦法讓自己用適當的方式專心做。
- 每天晚上七點到七點半之間，你一定要洗澡。
- 你一定不可以對姊姊（或是任何其他人）使用暴力。

目標

- 用你希望別人對待你的方式來對待別人。
- 對你自己和別人的東西都要加以尊重，小心不要弄壞了。

零用錢等

- 每天的電視／電腦遊戲時間：一小時。
- 每週的零用錢：一百元。

特權

你並不會自動獲得特權，特權是某樣你必須努力去賺來的東西（例如，要對行為做出更多努力，或是贏得更多笑臉的行為）。一般都須事先跟父母討論商量。特權可能是像下面這樣的東西：

- 額外的零用錢。
- 可以在房間裡吃洋芋片和喝可樂。
- 額外的電視／電腦遊戲時間。
- 一個特別的待遇，例如：甜點、蛋糕、特別的外出、一本漫畫、一個玩具、一次遊戲或是一本書。

懲罰

- 如果你的行為沒有符合要求的標準，會受到懲罰。爸爸媽媽會試著確認你是不是一直都知道標準是什麼。
- 在任何懲罰之前，我們會一直嘗試給你警告，除非我們判斷你的行為非常嚴重、危險或者是故意反抗。
- 懲罰可能會是例如：罰代幣、撤回或是減少一次特權，或者，對於更嚴重的行為取消零用錢。

〔附錄5〕

我的情緒書

以下是一個對內容等等提供建議的例子。

關於感覺

每一個人都有情緒或是感覺。感覺的種類有很多，主要的有：

- 快樂
- 悲傷
- 生氣
- 害怕

每個人都有不一樣的、會讓他們感到快樂、悲傷、生氣或是害怕的事物。

關於我

讓我覺得最快樂的顏色是：

・藍色

我不喜歡的一個顏色是：

・粉紅色

我最喜歡的一個電視節目是：

・《辛普森家庭》

我的快樂頁

以下是一些會讓我快樂的事物：

・巧克力

・品客洋芋片

・恩尼德・布萊頓（Enid Blyton）的書

以下是一些讓我快樂的圖片和照片：

我的悲傷頁

以下是一些會讓我傷心的事物：

- 有人嘲笑我
- 動物被殺害

以下是一些讓我悲傷的圖片和照片：

我的生氣頁

以下是一些會讓我生氣的事物：

- 有人撞到我
- 有人弄壞了我的玩具

以下是一些讓我生氣的圖片和照片：

我的害怕頁

以下是一些會讓我害怕的事物：

- 大暴風雨

・恐怖電影

以下是一些讓我感到害怕的圖片和照片：

關於其他人的感覺

其他人也有不同的情緒。我訪問了奶奶，發現了一些關於她的情緒的事。

關於奶奶

讓奶奶覺得最快樂的顏色是：

・紅色

奶奶不喜歡的一個顏色是：

・紫色

奶奶最喜歡的一個電視節目是：

・奶奶最近並沒有什麼喜歡的電視節目

奶奶的快樂頁

以下是一些會讓奶奶快樂的事物：

- 打毛線
- 看見老朋友
- 孫子給她一個抱抱
- 我對她態度友善

奶奶的悲傷頁

以下是一些會讓奶奶傷心的事物：

- 看到她的家人受到傷害
- 想起某個已經過世的人

奶奶的生氣頁

以下是一些會讓奶奶生氣的事物：

- 有人拆掉她打的毛線

奶奶的害怕頁

以下是一些會讓奶奶害怕的事物：

- 恐怖電影
- 大海

我可以讓奶奶快樂的一些方法：

- 給她一個抱抱
- 對她態度友善

〔附錄6〕

生氣時的可以和不可以

（下面只是例子）

關於覺得生氣

每個人有時候都會感到生氣。覺得生氣是沒問題的，但是有一些生氣的行為是不好的。在我生氣的時候，我可以選擇我的行為要如何。從「生氣時的可以」清單中選擇一些行為來做是可以的，但是，從「生氣時的不可以」清單中選擇一些行為來做是不行的。

生氣時的可以

- 用力打一個拳擊吊袋

- 用蠟筆在紙上畫圖或是塗鴉
- 用拳頭打枕頭
- 告訴一個大人我的感覺
- 說笑話
- 在花園四周跑一跑

生氣時的不可以

- 打人
- 將我的情緒鎖在心裡
- 丟東西
- 生氣不說話
- 對人們大叫大嚷
- 欺負其他人
- 毀壞或破壞東西

〔附錄7〕

情緒字彙

快樂的字眼

舒服的　愉快的　欣喜若狂的　興高采烈的
興奮的　感到滿足的　高興的　快活的
充滿喜悅的　歡樂的　喜悅的　正向的
感到驕傲的　有決心的　放心的　放鬆的
安心的　安全的　無懼的　成功的
感激的

悲傷的字眼

感到孤獨的　孤單的　被出賣的　沮喪的
絕望的　身心交瘁的　失望的　不開心的
痛苦的　挫敗的　悲傷的　較差的
孤立的　嫉妒的　寂寞的　迷失的
情緒低落的　悲哀的　被拒絕的　令人傷心的
不受歡迎的　哭哭啼啼的

生氣的字眼

壞脾氣的　困惑的　瘋狂的　發怒的
發狂的　不信任的　狂怒的　懷有敵意的
歇斯底里的　困惑的　精神錯亂的　發瘋的
沒感覺的　失控的　偏執的　盛怒的
多疑的

受驚的字眼

害怕的
憂慮的
內疚的
緊張不安的
膽小的

激動的
痛苦的
緊張不安的
害羞的
不安的

驚恐的
可怕的
驚恐的
緊張的
不穩定的

焦慮的
受驚的
嚇壞的
害怕的
擔心的

〔附錄8〕

贏取笑臉和哭臉的方法

（只是例子）

我可以透過下面的方式贏得笑臉☺：

- 合作☺
- 體貼☺
- 禮貌☺
- 努力☺
- 友善☺
- 溫柔☺
- 幫助人☺
- 高興☺
- 親切☺
- 耐心☺
- 堅持不懈☺
- 愉快的聲調☺
- 正面的態度☺
- 自我控制
- 唱歌☺
- 微笑☺

我會因為下面的行為得到哭臉☹：

- 攻擊行為☹
- 爭辯☹
- 抱怨☹（「建議」是可以的！）
- 態度傲慢☹
- 反駁☹（同上）
- 命令☹（客氣的請求是可以的）

・批評☹（同上）
・不服從☹
・不尊敬☹
・忽略要求等☹

・粗魯無禮☹
・口頭上的欺負☹
・不禮貌或是沒耐心地大喊☹

〔附錄9〕

將一個任務分成較小的步驟

（只是例子）

淋浴提示卡

1. 脫掉衣服。
2. 把衣服整齊地放在一旁。
3. 準備好衣服／睡衣等，等稍後穿。
4. 檢查淋浴的調節器位置，有必要的話就調整。
5. 檢查蓮蓬頭的位置，有必要的話就調整。
6. 拿開蓮蓬頭，用一隻手拿著放在身體的一邊。
7. 打開淋浴開關，讓水流一點時間，好讓溫度穩定下來（有必要的話就調整）。

8. 把蓮蓬頭掛回掛鉤上。
9. 站在水柱下，抹上肥皂！使用肥皂／洗髮精等，清洗整個身體（和頭髮），不要漏掉任何一個地方（喜歡的話，可以使用海綿／法蘭絨巾）。
10. 完整地沖一遍，直到肥皂都洗掉為止。
11. 關掉淋浴開關，走出來。
12. 用毛巾擦乾身體和頭髮。
13. 穿好衣服／睡衣。
14. 把頭髮梳好。
15. 用吹風機吹乾。

〔附錄10〕

清楚說話遊戲

這是一個雙人遊戲。你需要代幣和一個沙包。贏家是最後拿到最多代幣的人。

玩法

1. 把一堆代幣和一個沙包放在中間。
2. 玩的人面對面坐著。
3. 計時器設定在雙方同意的時間。
4. 在雙方同意的時間（以三分鐘開始）中，玩的人要有一次對話。對話可以是自然的對話，或是在比賽開始前雙方同意的一個主題。
5. 在對話之中，玩的人必須小心遵守「清楚的說話規則」（如下）。
6. 只有在你拿到沙包時，才是輪到你可以對話的時候。

7. 在你說完了以後，要把它傳給另一個玩的人。

8. 每一次你通過後，就可以從中間拿一個代幣，然後疊成一疊。

挑戰

當一個人在說的時候，另一個玩的人要仔細地聽，而且可以在任何時候因為一個或多個「清楚的說話規則」被打破而提出挑戰（大聲叫「挑戰！」）。然後兩個玩的人要花點時間來討論哪一個或是哪些規則被打破了。兩個人都一定要誠實，以判定這是不是一次公平而合理的挑戰：如果他們想要的話，可以把引起挑戰的那部分對話重說一遍來作「重播」，但這次不算打破任何一個規則。

如果有人挑戰成功，就可以從中間的那堆代幣中多拿一個，加到他自己的那疊。然後再重新開始玩。

遊戲結束

當代幣都被拿走後，或是同意玩的遊戲時間到了，遊戲就結束了。

清楚的說話規則

- 音量：不要太大聲也不要太小聲。
- 流暢：不要遲疑太久。
- 速度：不要說得太快或太慢。
- 清楚：說清楚，而不是在嘴裡嘟囔。
- 聲調：聽起來有趣而不是枯燥乏味的。
- 態度：有禮貌地說話。
- 語法：使用正確的語法。

〔附錄11〕

傷害不一定都是故意的

核對清單

由於亞斯伯格兒童對於別人的意圖幾乎一點都無法察覺，所以要讓他辨別「欺負」和「不小心的傷害」之間的差別，是很困難的。不妨利用這份核對清單，來幫你找出他在這方面的覺察能力缺口所在。他了解下面這些事情嗎：

- 他有可能不是出於故意而傷害到其他人。
- 別人有可能不是出於故意而傷害到他。
- 要辨別一個人是不是故意傷害某個人，是很困難的，不過有一些方法可以用來嘗試和確定是不是這樣。
- 他的感覺很重要，如果他感覺受到傷害，那麼他就有權力那樣感覺。
- 如果知道某人不是故意要傷害你，這樣可能會停止你不好的感覺，至少會有點幫助。

建議的討論點

要知道他的覺察能力缺口所在，並不一定容易。找機會跟他談談，以便找出他真正的理解程度。他所說的事情會相當程度地透露出真相。時機恰當的時候，讓其他家庭成員參與聊天和討論，也會很有幫助。以下是一些你可以問孩子的問題，以便展開討論：

- 人們有可能彼此傷害，但並不是故意的？
- 這種情況會怎樣發生？
- 你是不是有可能傷害到某個人，但你並不是故意要這樣的？
- 你認為某個人曾經傷害到你，可是他並不是故意的嗎？
- 如果有個人意外地傷害到另一個人，這是不是代表著他就不需要道歉或是改進呢？

亞斯伯格兒童可能需要被告知些什麼？

1. 人們經常不是出於故意而傷害到彼此。

有時候你可能會讓某個人苦惱，但你並不是故意的。而且有時候，當你因為另一個人而感到苦惱，他可能也不是故意要造成傷害的。

2. 如果你不確定某個人是否故意要傷害你或是讓你很煩，或許你可以直接問他。或者，也許你可以跟一個信得過的大人或朋友討論這件事。

3. 當某個人知道他傷害了另一個人的時候，即使不是故意的，無論如何，表示道歉都是良好的禮貌。他或許也應該嘗試用某種方式來改進。

你可以用來幫助他了解的例子

以下有兩種情況的例子，在這些情況下，你可能會因為某個人的行為而感到受傷或是生氣，也很難分辨別人是不是故意要傷害你：

- 某個人打破或是弄壞了你的東西。
- 某個人踩了你的腳趾而弄痛它。

在以上兩種情況中，這個人可能是有意要讓你受傷。有可能是因為：

- 他故意想要讓你生氣，只是因為他就是心地不好，或是因為他很沒有禮貌。
- 他想要報復你，因為你做的某件事讓他生氣或是激怒了他，這讓他心情很不好。
- 他想要激怒你，好讓你做錯事而惹上麻煩。

另一方面，這個人可能不是故意要對你造成傷害。有可能是因為：

- 他不小心讓你的一樣玩具掉下去了，結果玩具就壞了，他對這件事感到很抱歉。
- 他無意間踩到你的腳。或許是因為他走路時沒有小心看路。

〔附錄12〕

戲弄和善意的取笑

核對清單

你覺得孩子明白和了解多少呢？不妨使用這張核對清單，來幫你找出他對於戲弄的理解缺口，以及發現取笑跟欺負之間的不同點。他是否確實了解：

- 人們有時候會用取笑他人的方式來戲弄對方？
- 有時候這是故意要造成傷害。
- 有時候它只是個玩笑。
- 有時候人們會用錯誤的方式戲弄別人。
- 有時候，當人們戲弄時，有可能不是因為故意而傷害到彼此。他們可能甚至不明白已引起人家的反感。
- 可以試著用一些方法來發現，某人在戲弄時是不是在開玩笑，還是他想要傷害別人。

建議的討論重點

要明白他的覺察缺口在哪裡，並不一定容易。找個機會跟他談談，以便找出他的理解程度究竟到哪裡。他說的話很可能可以揭露很多事情。適當時讓其他家庭成員參與閒聊和討論，也會很有用。以下有一些你可以詢問孩子的問題類型，可用以展開討論：

- 戲弄一定都是殘忍的嗎？
- 你怎樣可以辨別一個人是否只是在開玩笑呢？
- 什麼時候戲弄是沒關係的？什麼時候又是有關係的呢？
- 你了解「善意的取笑」是什麼嗎？
- 字典是怎樣定義「善意的取笑」呢？
- 你可以想出任何戲弄和善意取笑的例子嗎？

亞斯伯格兒童可能需要被告知的事情

1. 當某個人藉由故意取笑另一個人來娛樂自己的時候，戲弄就發生了。這種事經常發生，所以很難避免。

2. 受到這種對待的時候，可能會感到非常受傷害和不好意思。例如，你的兄弟或是學校某個孩子可能會用像「猴子臉」這樣的可笑名字來叫你。他可能會覺得這樣很有趣，不過要是你不了解好笑的地方，最後你可能會覺得又窘又受到傷害而生氣。

3. 人們會因為各種理由而戲弄別人。有時候，惡意的戲弄是因為人們故意要讓別人不好意思，以及傷害他們。這會是一種欺負的形式。雖然戲弄會讓人覺得糟糕，但它並不一定都是故意要讓人痛苦的。戲弄的人也許是想要把他的意見變成笑話，而且猜想你可能也會覺得好笑。

4. 友善的玩笑和戲弄有時候稱為「善意的取笑」。善意的取笑經常發生，特別是在好朋友和家庭成員之間。那可以是一種無傷大雅的一起尋樂方式。

5. 要分辨某個人在戲弄別人時是不是故意要讓人痛苦，並不容易，不過把以下的事牢記在心會有幫助：

- 如果戲弄者是一個真誠友善的人，而且當他批評的時候是面帶微笑，那麼很有可能只是在開玩笑。
- 一個惡劣的人或是不忠實的朋友，可能會故意想要傷害別人。記住，惡劣的人或是不忠實的朋友是這類的人：

——對待你並不像他對待其他朋友一樣；

——把別人的注意力轉移到注意你的錯誤和窘態；

——威脅不要當你的朋友，除非你做他想要做的事情，而不是讓你覺得自在的事情；

——好像老是想要貶低你。

〔附錄13〕

欺負是什麼？

核對清單

你覺得孩子對欺負明白和了解多少呢？利用這張核對清單來幫你找出他的覺察缺口。他是否確實了解：

- 欺負是惡劣和不能接受的行為
- 可能會造成很大的傷害
- 欺負的種類有很多
- 沒有一種欺負是沒有關係的
- 這件事應該要提出來
- 大人們會盡他們所能去認真看待它和處理它
- 沒有一個人應該被欺侮

建議的討論重點

要明白他的認知缺口在哪裡，並非容易。找機會跟他談談，以發現他的理解程度究竟到哪裡。他說的話很可能可以揭露很多事情。適當時讓其他家庭成員參與閒聊和討論，也會很有用。以下有一些你可以詢問孩子的問題類型，用以展開討論：

- 你可以想出任何欺負和惡劣行為的例子嗎？
- 你有過覺得被欺侮的時候嗎？
- 你認為自己是否曾欺負過某個人？
- 欺負一定必須是有形的嗎？
- 有的欺負是不是沒什麼關係？

亞斯伯格兒童可能需要被告知的事情

當一個人說的話或是做的事傷害到別人，或是讓另一個人感到害怕，或是讓他感覺很糟的時候，就是欺負的情況了。有形的欺負可能會發生在某個人傷害你的身體，或是損壞你的東西時，不過欺負並不一定總是有形的。欺負永遠都不應該被容忍。以下是一些欺負行為的例子：

有形的欺負

- 打
- 踢
- 捏
- 咬
- 推擠和推撞
- 損壞東西
- 偷竊

其他的欺負例子

- 說出或是寫出某個人不好或非常惡劣的事情。

・威脅。

・散發惡意的謠言。

・煽動你去做一些會讓你惹上麻煩的事情。

・嘲弄地模仿別人說話的方式。

・毀謗。

・忽視。

・排擠，例如不讓某個孩子參加遊戲。

・強迫另一個人去做他不是真正想做的事情。

・當負責的老師或是大人不注意的時候，做出惡劣的事情、

・殘忍的惡意戲弄，例如：針對一個人的身材或是寫的字。

〔附錄14〕

「欺負」可以和不可以做的事

可以做的事

- 記住，如果某個人正在欺負你，那並不是你的錯。
- 把已經發生的事告訴一個值得信任的大人，像是父母或是老師。
- 如果有幫助的話，帶一個值得信任的朋友跟你一起去報告。
- 快速離開，並且冷靜地去尋求協助。
- 如果你很擔心在公車上會受到另一個孩子的欺侮，盡量坐在司機或是其他大人附近。
- 如果你知道欺負還持續發生，把這件事提出來，並尋求協助。
- 記住：欺負是不對的，去報告這件事並不是在「打小報告」。

不可以做的事

- 讓那個正在傷害你的人看見你很難過（這很難做到）。
- 用一種生氣或是有攻擊性的方式回應。如果你反擊的話，結果可能會惹上麻煩。

祕訣清單

本書所有點子、祕訣和策略一覽表

第一章 奠定基礎

照顧你自己（第28～37頁）

1. 讓你自己保持存貨滿滿（「冰箱小祕訣！」）
2. 獲得多方支持
3. 不要獨自承擔
4. 不要忽略生活中的其他領域
5. 處理問題時要注意可行性
6. 設定SMART（聰明的）目標
7. 制定「需要時就可以用得上」而非「最重要」的策略
8. 試著不要寵壞他
9. 找個人談談
10. 讓你自己偶爾脫身
11. 「關心勝過有關係！」

接納與了解（第37～46頁）

12. 接受診斷結果
13. 找出更多關於亞斯伯格症的資訊
14. 不能與不要

15. 理解他的思考缺乏彈性（火車vs.汽車）
16. 研究拙劣行為的原因
17. 「做結論前先做朋友」
18. 站在他那邊

建立自尊（第46～52頁）

19. 「抓住他做對的時候」
20. 獎勵而非處罰
21. 擁有「正向的時間」
22. 讓他免於羞辱
23. 讓他參予行為規畫

降低焦慮（第52～55頁）

了解與體諒

24. 了解隱藏的焦慮
25. 找出原因
26. 力求適當程度的焦慮

提供秩序、架構和預告

27. 小心的安排任何改變
28. 使用布告欄
29. 使用計時器或碼錶
30. 使用視覺教具
31. 將視覺教具護貝

其他一些建議

32. 運動
33. 分散注意力
34. 「愜意的日子」

第二章 讓孩子表現出最佳狀況

填補社交和情緒缺口（第68～69頁）

35. 欣賞他的誠實，把它當作是一種非常特別的

特質
36. 找出他的盲點
發展他的覺察能力：一些可以嘗試的技巧
37. 提示和討論
38. 使用回饋以填補「同理心缺口」
發展他的覺察能力：一些可以嘗試的活動和遊戲
39. 一本情緒書
40. 製作家庭版的比喻手冊
41. 角色扮演
42. 偵探遊戲
43. 引導他了解情緒的不同程度
44. 擴充他的「情緒字彙」
遊戲和社交技巧：一些可以嘗試的點子
45. 招募夥伴
46. 玩伴約會
47. 讓他當記分員
48. 跟隨領袖
49. 輪流
50. 網路關係
最佳方法（第84～93頁）
51. 平靜且放鬆
52. 成為盟友
53. 清楚的溝通
54. 正向地達成紀律
55. 溫和但堅定
56. 給予回饋
57. 有彈性
58. 向前看
59. 展現聯合陣線

第三章　常見問題

82.「滑稽的咒罵語」

處理危機的點子（參見祕訣錦囊71～77，處理困難的時刻）

83. 危機計畫

84. 在憤怒剛形成時就加以處理

85. 保持平靜

86. 不要對威脅讓步

87. 讓他在一個沒有人的舞台上表演

注意力問題（第114頁）

88. 下指令要十分明確

89. 不要讓他負擔過重

90. 把事情寫下來和使用視覺教具

91. 給他一份一覽表或是記事本

幫助他專注在一份工作上的點子

92. 移除令人分心的東西

93. 使用「當……就」公式

94. 時間規畫

95. 工作進行卡

就寢時間和睡眠（第124頁）

96. 在白天降低焦慮

97. 建立就寢常規

98. 列出夜間常規

99. 確認他的房間不會太亮

100. 有一段「正向時間」

101. 使用夜晚鬧鐘

102. 製作一捲特製錄音帶

103. 使用薰衣草

沮喪（第131頁）

104. 保持警覺

105. 建立愛的基礎

106. 給他時間
107. 用同理心來聆聽
108. 協助他感到成功
109. 在他需要保護的場合保護他
110. 必要時尋求醫療協助

飲食問題（第138頁）

對厭食者

111. 為他做簡單的食物
112. 小分量
113. 餐後的獎勵
114. 濃湯
115. 給他營養補充劑

對吃得過多的人

116. 有規畫的食物分配

有助於兩種問題的點子

117. 運動
118. 規律的用餐時間
119. 去除壓力
120. 堅持不懈
121. 讓他參與準備食物
122. 食物進步清單
123. 餐點規畫
124. 尋求專家協助

寫字（第149頁）

125. 少量多次的練習
126. 找出一個目的
127. 使用有吸引力的書寫材料
128. 示範緩慢而細心的書寫
129. 「動作快的棕色狐狸」
130. 空白頁面和兩倍的空間

131. 需要時尋求專家協助
鼓勵寫字的活動和遊戲
132. 比賽
133. 謎題書
134. 紙張和鉛筆的遊戲
135. 「啞巴會議」
136. 找寶藏
督促寫功課（第160頁）
提供架構
137. 準備
138. 主導
139. 提供一個有架構的背景
140. 使用「當……就」的公式
動作技巧和協調（第164頁）
141. 培養他的長處
142. 讓它變得有趣
143. 讓它成為挑戰
144. 需要時尋求專家協助
遊戲和活動
145. 丟沙包遊戲
146. 阻礙路線
147. 十字繡
完美主義（第171頁）
148. 教導他對錯誤「聰明的思考」
149. 對努力而非成果加以鼓勵和讚美
150. 幫助他成為一個輸得起的人
151. 做犯錯的榜樣
152. 建立「認錯時間」
153. 創造一些「家庭格言」
154. 促進健康的自尊

179. 回饋、讚美和獎勵
180. 準備一個訊號或密碼
汽車旅行的點子
181. 準備值班表
182. 一張地圖
183. 旅行計畫
184. 規畫停靠站
185. 錄音帶
186. 閱讀
187. 「啞巴會議」
188. 做問卷
189. 二十個問題及其他等等
190. 猜謎書
說話和對話（第230頁）
191. 清楚地溝通
192. 留給他一個思考的缺口
193. 教他一些「急救片語」
194. 建立堅固的界線
一些遊戲和活動
195. 沙包遊戲
196. 韻文和繞口令
197. 朗讀
198. 答錄機留言
199. 使用錄音機
200. 清楚說話遊戲

參考書目和網站

書目

《亞斯伯格症實用指南》，東尼．艾伍德著，何善欣譯，健行文化出版

《兒童人際發展活動手冊——以遊戲帶動亞斯伯格症、自閉症、ＰＤＤ及ＮＬＤ孩童的社交與情緒成長》，史提芬．葛斯丁&瑞雪兒．雪利著；林嘉倫譯，健行文化出版

《亞斯伯格症：教育人員及家長指南》，Brenda Smith Myles, Richard L. Simpson著，楊宗仁、楊麗娟、張雯婷合譯，心理出版社

《亞斯伯格症者實用教學策略：教師指南》，Leicester City Council; Leicestershire County Council著，楊宗仁譯，心理出版社

《自閉症者家長實戰手冊：危機處理指南》，E.Schopler著，楊宗仁譯，心理出版社

《自閉症與亞斯勃格症》，王大廷譯（1996），中華民國自閉症總會出版

《自閉症家長手冊》，王大延譯，中華民國自閉症總會出版
《高功能自閉症學生教育模式》，楊宗仁編，國立台北教育大學特殊教育中心特教叢書（下載網址：http://r2.ntptc.edu.tw）
《自閉症兒童訓練指南》（台灣版），財團法人第一社會福利基金會出版
《肯納園，一個愛與夢想的故事》，瞿欣、財團法人肯納自閉症基金會著，心靈工坊出版
《我兒惠尼》，雪莉·L·佛羅倫斯等著，張美惠譯，張老師文化出版

網站

中華民國自閉症基金會 http://www.fact.org.tw
中華民國自閉症總會 http://www.autism.org.tw
有愛無礙學障情障互動網站 http://www.dale.nhctc.edu.tw/
星兒的天空 http://star-angel.idv.tw/
中華民國學習障礙協會 http://www.dale.nhctc.edu.tw/ald/

台北市學習障礙者家長協會 http://www.dale.nhctc.edu.tw/ald/

台灣公益資訊中心 http://www.npo.org.tw/

全國特殊教育資訊網 http://140.122.65.63/

教育部特殊教育通報網 http://www.set.edu.tw/

國立台灣師範大學特殊教育中心 http://www.ntnu.edu.tw/spc/

國立台北教育大學特殊教育中心 http://r2.ntue.edu.tw/

台北市立教育大學特殊教育中心 http://www.tmue.edu.tw/~speccen/

國立新竹教育大學特殊教育中心 http://www.nhcue.edu.tw/~spec/

國立台中教育大學特殊教育中心 http://www.ntcu.edu.tw/spc/index.htm

國立彰化師範大學特殊教育中心 http://www.ncue.edu.tw/~special/aa5.htm

國立嘉義教育大學特殊教育中心 http://adm.ncyu.edu.tw/~special/center/index.htm

國立台南教育大學特殊教育中心 http://www2.nutn.edu.tw/gac646/

國立高雄師範大學特殊教育中心 http://sec.so-ez.net.tw/

國立屏東教育大學特殊教育中心 http://www.npue.edu.tw/academic/spec/index.html

國立花蓮教育大學特殊教育中心 http://spe.nhlue.edu.tw/center/

On-line Asperger's Syndrome Information and Support -（O.A.S.I.S.）．亞斯伯格症線上資源與支持團體 http://www.udel.edu/bkirby/asperger

Asperger Syndrome Support Network亞斯伯格症支持網 http://home.vicnet.net.au/~asperger/

Asperger's Disorder亞斯伯格症 http://www.aspergers.com/

The National Autistic Society英國自閉症協會 http://www.nas.org.uk/

The Center for the Study of Autism (CSA)自閉症研究中心 http://www.autism.org

Tony Attwood's web site東尼・艾伍德網頁 http://www.tonyattwood.com.au/

Applied Behaviour Analysis（ABA） http://www.helpuslearn.com/

Asperger Syndrome Education Network http://www.aspennj.org/

200 個亞斯伯格症教養祕訣
Parenting a child with Asperger Syndrome

國家圖書館出版品預行編目 (CIP) 資料

200 個亞斯伯格症教養祕訣 / 布蘭達．柏依德(Brenda Boyd)著 ,
黃美娟 . -- 初版 . -- 臺北市 : 健行文化出版 : 九歌發行 , 2019.12
面； 公分 . -- (i 健康 ; 44)
譯自 : Parenting a child with Asperger Syndrome
ISBN 978-986-97668-9-0(平裝)

1. 特殊兒童教育 2. 過動症 3. 親職教育

529.68 108018762

作者── 布蘭達．柏依德（Brenda Boyd）
責任編輯── 曾敏英
譯者── 黃美娟
創辦人── 蔡文甫
發行人── 蔡澤蘋
出版── 健行文化出版事業有限公司
台北市 105 八德路 3 段 12 巷 57 弄 40 號
電話／ 02-25776564・傳真／ 02-25789205
郵政劃撥／ 0112295-1

九歌文學網 www.chiuko.com.tw

印刷── 晨捷印製股份有限公司
法律顧問── 龍躍天律師 ・ 蕭雄淋律師 ・ 董安丹律師
初版── 2019 年 12 月
初版 2 印── 2022 年 7 月
定價── 360 元
書號── 0208044
ISBN── 978-986-97668-9-0